Pit Gottschalk

KABINENGEFLÜSTER

Meine verrückten Erlebnisse als Fußballreporter

Bibliografische Information der Deutschen Nationalbibliothek
Die Deutsche Nationalbibliothek verzeichnet diese Publikation in der
Deutschen Nationalbibliografie; detaillierte bibliografische Daten sind
im Internet über http://dnb.dnb.de abrufbar.

IMPRESSUM

1. Auflage Februar 2019
Umschlaggestaltung: Ina Zimmermann
Umschlagbild: Heiner Köpcke
Druck und Bindung: Drukkerij Wilco B.V., Vanadiumweg 9,
NL–3812 PX Amersfoort
© Klartext Verlag, Essen 2019
ISBN 978-3-8375-2023-1

KLARTEXT   Jakob Funke Medien Beteiligungs GmbH & Co. KG
Jakob-Funke-Platz 1, 45127 Essen
info@klartext-verlag.de, www.klartext-verlag.de

INHALT

Vorwort

Reporterleben statt mit Trollen leben

Nein, dieses Buch ist keine Autobiografie. Keine Selbstbeweihräucherung und keine Abrechnung. Sondern: eine Liebeserklärung an unseren Beruf. An den Sportjournalismus als Berufung. Und nebenbei möchte ich daran erinnern, was das Reporterleben ausmacht: News fit to print. Oder neuerdings: News fit to publish. Der Appell erscheint mir dringend notwendig: dass Reporter der Verlockung widerstehen, mit Meinungsstärke ihre Nachrichtenschwäche zu kompensieren.

Ich erlebe es jeden Tag, wie mir wildfremde Menschen erklären wollen, warum wie was im Fußball passiert. Wir nennen diese Menschen in den sozialen Netzwerken liebevoll „Trolle", als seien es kleine Hunde, die ein wenig spielen wollen. Besonders lästig wird es, wenn diese Trolle mit ihrem Laienverstand Geld verdienen und ihr Halbwissen ungefiltert in Podcasts und Blogs zum Ausdruck bringen. Die Digitalisierung öffnet ihnen mediale Zugänge zur Öffentlichkeit. Leider nicht Augen und Ohren.

Was wir Journalisten ihnen voraushaben, sind die Informationen. Nicht allein die Möglichkeiten zur Informationsbeschaffung. Durch unsere Veranlagung und unsere Ausbildung, dass wir die Informationen werten, einordnen und verarbeiten können, damit die Informationen ein möglichst großes Publikum erreichen (ich unterscheide hier bewusst nicht zwischen Print und Online), werden wir einem gesellschaftlichen und nicht nur ökonomischen Auftrag gerecht. Wir sorgen für Aufklärung.

Dummerweise erfährt unsere Arbeit als Reporter derzeit eine zunehmende Abwertung. Mal zimmert ein US-Präsident seine eigene Wahrheit. Mal machen uns Trolle die Position streitig. Nicht selten begehen wir Fehler. Aus Zeit- oder Budgetdruck geben wir uns mit weniger Recherche zufrieden. Wir publizieren zu früh oder halbherzig. Manchmal sind wir zu bequem. Wo ein Quantitätsdenken den Anspruch an Qualität verdrängt, wird der Traffic geschätzt und nicht der Inhalt.

Wenn dieses Buch an eine Zeit erinnert, als nicht alles im Sport optimiert, abgeschottet oder vom Marketing geprägt war, dann nicht deshalb, weil die Zeiten früher angeblich besser und angenehmer waren. Das waren die Umstände und Arbeitsbedingungen nämlich nicht. Es geht vielmehr um den Auftrag, mit besseren, weil zuverlässigen Informationen Reichweite wie Relevanz zu erhöhen. Vielleicht spielt an dieser Stelle doch das Ego mit: Ich will junge Kollegen zum Reporterleben motivieren.

Reporterleben statt mit Trollen leben: Wenn uns Presseabteilungen nach der Unabhängigkeit trachten, uns Medienunternehmen die Beinfreiheit rauben, uns Verbände den Bewegungsradius im Stadion einengen wollen, müssen wir umso sorgfältiger und gieriger am schärfsten Schwert schleifen, das uns zur Verfügung steht: der Information. Digitalisierung darf keine Ausrede sein, sondern Ansporn: Wir unterscheiden uns, wenn wir uns selbst und unseren Beruf ernstnehmen.

Über drei Jahrzehnte bin ich hauptberuflich Journalist. Eine Reporterseele hatte ich schon immer. In meinem Kinderzimmer, wenn ich den Abramczik-Kopfball auf Tonband schilderte. Auf dem Gymnasium, wenn ich die Grünen-Politik für die Schülerzeitung durchpflügte. Bei der Bundeswehr, wenn ich jede Entgleisung vom Spieß zur potenziellen Schlagzeile beförderte. Und in Redaktionen, wenn ich um ein bisschen mehr Platz für das Ergebnis meiner Recherchen buhlte.

Einige Erinnerungen in diesem Buch habe ich zuerst auf Facebook veröffentlicht. Ich danke Andree Bock für seine penetrante Ermahnung, endlich ein Buch daraus zu machen: Hier ist es! Und es ist nur hier, weil ich gute Chefs hatte. Raimund Palm und Heiner Schepp bei den Eifler Nachrichten in Monschau. Rainer Päutz beim Mitteldeutschen Express in Halle/Saale. Franz-Hellmut Urban bei der Abendzeitung in München. Gerhard Pietsch bei Sport-Bild in Hamburg. Und Mathias Döpfner bei der Welt-Gruppe in Berlin.

Danach war ich selbst Chef. Nicht immer kuschlig. Aber immer mit der Leidenschaft eines Reporters. Immer. Mit dieser Leidenschaft will ich ansteckend wirken und nicht verhehlen, dass ich mehr als stolz bin, wenn ich auf ehemalige Nachwuchskräfte schaue, die heute bei Axel Springer in Berlin und München, bei Ringier in Zürich oder bei Madsack in Hannover selbst Chefs sind und jetzt ebenfalls ihr Können weitergeben. Die Saat geht auf.

Ausgetuchelt

Vom Attentat bis zum Zeitungsinterview:
Warum Tuchel gehen musste

Lange Zeit haben sie bei Borussia Dortmund gerätselt, warum ihr Trainer Thomas Tuchel so misstrauisch wurde, sobald Journalisten ihre Fragen stellen und die Abschrift des Gesprächs zum Gegenlesen vorlegen wollten. Eigentlich kann da nichts schiefgehen.

Wenn das Interview dem Befragten nicht gefällt, darf er seine Sätze im Nachgang präzisieren, einen Geistesblitz ausschmücken oder Antworten umformulieren. Im Notfall könnte er, was selten vorkommt, den gesamten Dialog sperren und nicht zur Veröffentlichung freigeben.

Thomas Tuchel, der BVB-Trainer, wollte trotzdem kein niedergeschriebenes Interview liefern. Diejenigen, die es gut mit ihm meinen, sagen: In der verknappten Wiedergabe würde er seine komplexen Gedanken nicht genügend dargelegt sehen. Die anderen: „Er hat einen an der Waffel."

Als Sportchef im Revier konnte ich in seinem Verhalten keine Drolligkeit erkennen, sondern genau das: Unprofessionalität. Ottmar Hitzfeld, einer seiner Vorgänger, hatte auch in den schwierigsten Phasen beim BVB immer Rede und Antwort gestanden. Sogar bei kritischen Fragen.

Seine Maxime lautete: Journalisten nicht die Bestätigung geben, dass man als Trainer getroffen oder geschwächt ist. Er setzte ein Pokergesicht auf, blickte in die Augen und antwortete. Sein Freund Jörg Berger formulierte es so: „Man darf seinen Kopf verlieren, aber nicht sein Gesicht."

Als Journalist ist man hin- und hergerissen. Einerseits will man jeden Trainer fair behandeln und nicht jedem Wort glauben, dass man aus der Mannschaft erfährt. Andererseits: Wie will man Trainer verstehen, die sich nur oberflächlich im Fernsehen und in Pressekonferenzen äußern?

„Es kann sein, dass Sie morgen früh um zehn einen fest vereinbarten Termin mit ihm haben", erklärte man mir auf der BVB-Geschäftsstelle, als ich noch neu war. „Und dann kommen Sie, und er erinnert sich nicht einmal an den Termin. Er sagt dann: Den Termin hat es nie gegeben."

Wie nähert man sich als Journalist einem solchen Menschen? Sein Berater Olaf Meinking, ein Anwalt aus Hamburg, ließ jede Anfrage unbeantwortet. Sogar Mitte 2016, als die ersten Gerüchte aufkamen, das Verhältnis der Vereinsspitze zum Trainer sei nicht mehr das beste.

Nicht vieles offenbart die Wahrheit, wie es um das Klima innerhalb eines Klubs steht, treffender als die Einkaufspolitik. Wir Journalisten sind in den Transferperioden besonders hellhörig und kennen die Feinheiten bei der Kaderplanung.

Der Trainer möchte gerne den einen Spieler für sein System, die Scouts aber bevorzugen einen anderen, und die Vereinsspitze bewertet mit der Mischung aus Erfahrung und Zahlenverständnis, welche Verpflichtung perspektivisch und wirtschaftlich machbar oder sinnvoll sein könnte.

Mit Tuchel konnte man nicht diskutieren. Er wollte Andre Schürrle, seinen Musterschüler aus gemeinsamen Mainzer Tagen, und mit Verzögerung Ömer Toprak, den „besten Verteidiger der Liga", wie er behauptete. Das Paket: 50 Millionen Euro schwer. Widerspruch: zwecklos.

Millionenschwere Spielerwünsche wollte Tuchel mit der unverhohlenen Drohgebärde durchsetzen, dass Dortmund mehr ihn als er Dortmund braucht. Niemand sollte ihm den Kader diktieren dürfen. Und niemand sollte Mario Götze in die Mannschaft beordern können.

Die Rückkehr des Finaltorschützen der WM 2014 war eine Herzensangelegenheit des BVB-Geschäftsführers. Hans-Joachim Watzke wollte Götze, den er 2013 quasi über Nacht an den Rivalen FC Bayern München verloren hatte, unbedingt zurück nach Dortmund holen.

Aus taktischen Gründen durfte er das nie so sagen. Schon gar nicht den Bayern. Bei einem Geheimtreffen am Düsseldorfer Flughafen hatte er dem Vorstandsvorsitzenden Karl-Heinz Rummenigge mit einem Trick 35 Millionen Euro für Hummels aus dem Kreuz geleiert.

Hummels wollte zwar unbedingt zu seiner Familie nach München. Aber Watzke rang ihm aus alter Verbundenheit das Versprechen ab, dass er nur bei einer entsprechend hohen Ablöse wechseln würde: „Dann siehst du, was du den Bayern wirklich wert bist." Hummels spielte mit.

Bewusst entkoppelte Watzke die Götze-Personalie vom Hummels-Transfer. Es lief wie auf einem Basar: Er wollte so tun, als interessiere ihn Götze nicht, um ihn günstiger zu bekommen, und spielte auf

Zeit. Fast täglich telefonierte ich Details hinterher, um eine Bestätigung zu erhalten.

Unter Journalisten gilt die Parole: Transfers erfährst du immer vom abgebenden Verein – nicht vom aufnehmenden. Der Grund: Kein Manager hat ein Interesse, dass die Konkurrenz das Begehren teilt und den Preis im Bieterstreit hochtreibt. Beim Verkäuferklub ist es umgekehrt.

Watzke mauerte, so gut er konnte. „Wenn sich die Gelegenheit ergibt, dann vielleicht ...", sagte er immer wieder seelenruhig am Telefon. Noch heute frage ich mich, ob er heimlich am Handy lacht, wenn er sich aus einer solchen Situation windet.

Maximal 18 Millionen Euro wollte er für Götze zahlen und heuchelte Rummenigge deswegen Desinteresse vor. Am Ende wurden es 22 Millionen Euro, weil Watzke als verantwortlicher Chef überzeugt war: Der Götze-Transfer bringt die Mannschaft weiter.

Was Tuchel von Watzkes Wunschspieler Götze hielt, bekamen die Journalisten beim Training mit. „Wie in der C-Jugend", kommentierte er eine Szene beim Training, wohl wissend, dass eine Gruppe von Journalisten jedes Wort mitbekam.

Wie in der C-Jugend – das ist so ziemlich der boshafteste Rüffel, den ein Fußballweltmeister von seinem Trainer hören kann. Und das in aller Öffentlichkeit. Wir Journalisten wissen: Wenn ein Trainer seinen Spieler so anmacht, spalten sich die Reihen in der Mannschaft. Plötzlich gibt es jene Gruppe, die sich mit dem angegriffenen Spieler solidarisiert. Und jene Gruppe, die sich bestätigt fühlt und sogar sagt: Gut, dass der Trainer endlich durchgreift. Kalt lässt diese scheinbar nebensächliche Szene niemanden.

Trotzdem blieb die irritierte Vereinsspitze ruhig. Seine erste BVB-Saison hatte Tuchel mit einer Rekordpunktzahl absolviert und immerhin Platz zwei sowie das Pokalfinale in Berlin erreicht. Man wollte die offenbar erfolgreiche Zusammenarbeit nicht gefährden. Trotz zunehmender Rangelei.

Man musste Tuchel in der neuen Saison einiges mehr durchgehen lassen. So durfte er Mats Hummels, Weltmeister und jahrelang Turm in der BVB-Abwehr, zum Abschied eine gewisse Wehleidigkeit im DFB-Pokalfinale unterstellen. Öffentlich bei einer Pressekonferenz.

Man sah zu, als der Trainer die Mannschaft mit drei verschiedenen Spielsystemen in 90 Minuten überforderte. Oder nach einer Niederlage in Frankfurt wütete: „Technisch, taktisch, mental, Bereitschaft – es fehlte alles. Unsere Leistung war ein einziges Defizit."

Sportdirektor Michael Zorc wollte das Binnenverhältnis zu einem Trainer ohnehin niemals thematisieren. Er blieb da loyal bis zur Selbstverleugnung und hielt den Laden irgendwie zusammen. Als sein Trainer dem Chefscout Sven Mislintat Hausverbot erteilte, schwieg er bedauernd.

Die Arbeit eines Reporters muss man sich so vorstellen: Ständig hört man Spekulationen und Gerüchte, Halbwahrheiten und bewusst gesetzte Hinweise, was gerade in der Mannschaft los ist. Man darf diese Gesprächsfetzen nicht einfach veröffentlichen. Man braucht eine Bestätigung.

Die bekommt man in aller Regel nicht. Gute Vereine bauen eine Wand des Schweigens auf: Jeder weiß Bescheid, aber keiner sagt etwas. Niemand will derjenige sein, der die Mauern zum Einsturz bringt und womöglich die Saisonziele gefährdet. Nicht die Spieler. Nicht das Management.

Beim BVB war es dennoch nur eine Frage der Zeit, wann der eine Tropfen das Fass zum Überlaufen bringen würde. Der Moment kam im Frühjahr 2017: das legendäre Interview mit Hans-Joachim Watzke. Nach Tuchels Reaktion auf dieses Interview war er als BVB-Trainer nicht mehr zu halten.

Zum ersten Mal erzähle ich hier die Geschichte, warum Thomas Tuchel 2017 den Verein verlassen musste. Warum der Verein sogar nach dem Pokalsieg in Berlin, dem ersten Titel seit 2012, keine Grundlage mehr für eine vertrauensvolle Zusammenarbeit sah. Aber der Reihe nach.

Dienstagabend, 11. April 2017, Viertelfinale der Champions League, Hinspiel gegen AS Monaco. Wir Reporter warteten im Stadion, als uns die WhatsApp-Nachricht von Kommunikationschef Sascha Fligge erreichte, dass etwas bei der Abfahrt am Mannschaftshotel passiert sei.

Wir rätselten über die Ursache. Ein Verkehrsunfall? Ein terroristischer Anschlag? Ich ging die Treppen hinunter zum Spielertunnel, wo normalerweise die Busse der beiden Mannschaften parken. Der von AS Monaco war da. Der vom BVB fehlte.

Inzwischen erreichte die Nachricht die Zuschauer im Stadion, dass es zu Verzögerungen beim geplanten Anpfiff um 20.45 Uhr komme. Der Signal Iduna Park brodelte. Der übertragende Fernsehsender Sky musste sein Publikum mit bruchstückhaften Informationen versorgen.

Längst gaben Präsident Reinhard Rauball und eben Hans-Joachim Watzke Interviews auf dem Rasen, um das Geschehene zu bestätigen – den Anschlag auf die Mannschaft und die Verletzung ihres Spielers Marc Bartra. Noch war nicht sicher, ob Terroristen hinter der Detonation der Bomben am Mannschaftshotel steckten. Hinweise gab es.

In meiner Redaktion in Essen eilten die Kollegen aus dem Feierabend zurück zum Arbeitsplatz. So schlimm ein solcher Anschlag ist: Die Öffentlichkeit braucht verlässliche Informationen und die Einordnung erfahrener Journalisten. Online und am nächsten Tag in der Tageszeitung.

Chefreporter Daniel Berg und ich hatten im Stadion keinen Handy-Empfang. Das Netz war zusammengebrochen. Man muss dann geduldig und gewissenhaft bleiben: Jeder Spur nachgehen – und trotzdem nicht übereilt Halbgares streuen. Ein Knochenjob. Kein falscher Satz darf raus.

Die Nachrichten überschlugen sich eh. So stand ich mitten in der Nacht auf dem Rasen im benachbarten Stadion Rote Erde und suchte nach einem Standort für einen besseren Empfang. Da war nichts zu machen. Die Frage war noch, ob und wann das Spiel angepfiffen wird!

Man muss die Situation so detailliert in Erinnerung bringen, um das Nachfolgende zu verstehen. Die Vereinsspitze um Rauball und Watzke hatte in dem Chaos eine Entscheidung zu treffen, die man erst hinterher als „richtig" oder „falsch" werten kann und nicht in diesem Augenblick.

Die Entscheidung lautete: Das Spiel gegen AS Monaco wird am nächsten Tag an gleicher Stelle um 18.45 Uhr nachgeholt. Trotz des Anschlags. Trotz der Not-OP von Marc Bartra. Die Geschäftsführung wollte der Mannschaft die Entscheidung am nächsten Morgen erklären.

Was hätte Borussia Dortmund tun sollen? Das Attentat am Mannschaftshotel L'Arrive in Dortmund-Höchsten war gerade erst passiert und das Motiv noch nicht ersichtlich, als sich umgehend ein Sicherheitsrat zur Krisensitzung traf.

Der Sicherheitsrat bestand aus Vertretern der Klubs, der UEFA und den Behörden und tagte in einem abgeschotteten Raum im Stadion. Es gab kein Fenster, keinen Handy-Empfang. Befürchtet werden musste, dass es weitere Bomben in und am Stadion gibt.

Stadionsprecher Norbert Dickel kämpft draußen um die richtigen Worte, damit die Unruhe nicht zur Hysterie führt. Drinnen im Raum musste eine Entscheidung her. Nur ratlose Gesichter von Zuschauern auf TV-Monitoren. Wann soll das Monaco-Spiel stattfinden?

Der erste Vorschlag: noch am selben Abend. Watzke war dagegen. Das sei den Spielern nicht zuzumuten, weil die Informationslage unübersichtlich sei. Der zweite Vorschlag der UEFA lautete: am nächsten Tag um 16 Uhr. Wieder wehrte sich der BVB: Das Stadion sei dann halbvoll.

Ratlosigkeit machte sich breit. Eine Entscheidung musste her. Der Druck stieg. Eine Neuansetzung in ein, zwei Wochen: Das war nicht möglich. Der BVB spielte Bundesliga, im DFB-Pokal gegen die Bayern; hinzu käme ein mögliches Weiterkommen in der Champions League.

Alle Teilnehmer dieser Task Force sahen den Konflikt von Interessen und Terminen. Innerhalb von Minuten setzte sich die Einsicht durch, dass zu der menschlichen Frage, was den Spielern zugemutet werden kann, zwei weitere Aspekte kamen. Zunächst der gesellschaftspolitische Aspekt, gegen den Terror ein Zeichen zu setzen, dass man trotzdem spielt. Darüber hinaus der pragmatische Gedanke, dass das Spiel zeitnah stattfinden musste. Erneut Ratlosigkeit in der Runde. Für alle Anwesenden war die Lage belastend.

Zwei Terminvorschläge waren abgelehnt worden. Also schaltete sich die UEFA-Vertretung vom Hauptsitz in Nyon ein und entschied: am nächsten Tag um 18.45 Uhr. Ein Teilnehmer der Runde erzählte mir, dass Watzke meinte: Es geht ja nicht anders.

An dieser Stelle entzweien sich die Darstellungen, wie der nächste Morgen in der Umkleidekabine auf dem Trainingsgelände in Dortmund-Brackel tatsächlich abgelaufen ist. Unstrittig ist: Den Spielern, noch immer völlig verstört, stand die Entscheidung über ihr Mitwirken frei.

Unstrittig ist auch, dass zwei Spieler ihre Stimmen erhoben und Bedenken gegen das Spiel am Abend anmeldeten: Marco Reus und Gonzalo Castro. Beide standen nicht im Kader. Keiner hatte ein gutes Gefühl bei der Sache. Wie auch? So ein Attentat hatte es noch nie gegeben.

Die dramatische Lage vor dem BVB-Spiel gegen AS Monaco in der Champions League: Noch am nächsten Tag bekam ich aus dem direkten Umfeld der Mannschaft Informationen, wie emotional die Stunden vor dem 2:3 abgelaufen sein mussten. Wie Tränen in der Umkleidekabine flossen.

Einer blieb vergleichsweise gelassen: der Trainer. Thomas Tuchel ließ in keiner Sekunde erkennen, dass ihn die zeitnahe Spielansetzung störte. Mehr noch: In spontanen Meinungsäußerungen in der aufregenden Nacht, teilweise schriftlich, freute er sich auf die „Energie im Stadion".

Als er die Umkleidekabine verließ, die Stimmen der zwei Spieler noch im Ohr, soll er so ungehalten über deren Bedenken geraunt haben, dass ein weiterer Spieler seinen entscheidenden Satz hören konnte: „Und mit diesen Weicheiern soll ich die Bayern schlagen?"

Weicheier – der Begriff wird noch heute zitiert, auch in der Mannschaft, wenn man beim BVB eine Erklärung für den Stimmungsumschwung sucht, der im Laufe des Tages passiert sein muss und der sicherlich im Resultat von 2:3 am Abend begründet liegt.

„Die Termine werden vorgegeben, und wir haben zu funktionieren", fauchte Tuchel hinterher öffentlich. „Wir hatten das Gefühl, dass wir behandelt werden, als wäre eine Bierdose auf den Bus geflogen." Und weiter: „Das ist kein gutes Gefühl, es war ein Gefühl der Ohnmacht."

Jeder Satz: eine Ohrfeige für Watzke. Der Trainer stellte ihn vor versammelter Presse als kalten Apparatschik dar, dem der Kommerz über das Menschliche geht. Vom Ringen um Spieltermine, vom Zögern und Verzweifeln: kein einziges Wort. Tuchel sammelte Sympathien.

Ich selbst ging zunächst davon aus, dass die verkratzte Beziehung zum Trainer eine Glättung erfährt. Als er am Samstag überraschend Bayern besiegte und ins Pokalfinale einzog, erinnerte ich mich an die Weisheit: Siege heilen alle Wunden. Ich sollte mich täuschen.

Vor einer Doppelpass-Sendung in München rief ich Watzke auf dem Handy an, um mich über die Befindlichkeit seit dem Bayern-Spiel zu erkundigen. Ich fragte eher scheinheilig, ob jetzt wieder alles gut mit Tuchel sei. Die Antwort: Schweigen.

So ein Stillhalteabkommen kann aber nicht ewig dauern. Ich ahnte und wusste: Nur eine Kleinigkeit fehlte noch zum Ausbruch der aufgestauten Wut. Man muss als Reporter dann auf den entscheidenden Moment lauern. Zum Beispiel bei einem Interview.

Ich schickte meine Reporter mit dem Auftrag zum Interviewtermin, Watzke scheinbar beiläufig zu fragen, ob es eine Kontroverse mit dem Trainer gebe. Der Anlass für das Interview war eigentlich ein anderer:

Watzke wollte Dietmar Hopp, Mäzen von Gegner TSG Hoffenheim, würdigen.

Auf die Frage nach einem möglichen Dissens mit Tuchel überlegte Aki Watzke eine Weile. Und bestätigte, was wir wussten: „Den gibt es, ja." In der Folge definierte er das Maß an Vertrauen, das ein Management für eine gute Zusammenarbeit mit dem Trainer verlangt.

Ganz ehrlich: Ich rechnete nicht damit, dass diese kurze, aber aussage-kräftige Passage den Prozess des Gegenlesens überstehen würde. Sascha Fligge, der Kommunikationsdirektor, würde die Brisanz erkennen und tilgen. Dachte ich. Aber die Passage blieb drin.

Man hatte sich offenbar bewusst dazu entschieden. Die Vereinsführung wollte nicht mehr die heile Welt vorgaukeln, die es nicht gab. Als Journa-list ist man dann glücklich: Die Öffentlichkeit erfährt endlich die Wahr-heit und nicht ein Stück inszenierter Wirklichkeit.

Natürlich hatte ich damit die entscheidende Zutat, um das Interview „hochzukochen". Tat ich aber aus Berechnung nicht: Die Überschrift mit Hopp war so langweilig gewählt, dass mich Kollegen fragten, ob ich die Brisanz des Interviews nicht überblickt hätte. Nein, das war nicht der Grund. Ich wusste: Wenn ich den Tuchel-Dissens zur Überschrift machte, eine vergleichsweise kurze Passage in einem langen Interview, würde man mir Stimmungsmache am Spieltag unterstellen können. Man muss hier Augenmaß bewahren. Im schlimmsten Fall hätte man in Dortmund sagen können: Da wurde ein kleiner Satz unangemessen zur Schlagzeile hochge-jazzt, der Quote wegen. Die Flanke wollte ich nicht offen lassen und spe-kulierte darauf, dass der Watzke-Satz auch so seine Kraft entfaltet.

Das tat der Satz. Und daran hatte Patrick Wasserziehr seinen Anteil. Er rief mich Samstagmorgen an, als das Interview erschien, und befragte mich nach den Umständen des Gesprächs mit Watzke. Er wollte vorbereitet sein. Am Nachmittag würde er Tuchel vor dem Mikrofon haben.

Wasserziehr genießt einen vortrefflichen Ruf in der Branche. Er gehört zu den TV-Reportern, die der Sache im direkten Gespräch auf den Grund gehen. Hätte Tuchel auch nur angedeutet, dass die Watzke-Sätze ja so nicht gefallen sind, hätte er mit meinen Infos kontern können.

Tuchel machte einen anderen Fehler. Hätte er eingelenkt und gesagt: Ja, es gab einen Dissens, aber jetzt ist alles wieder mit Blick auf das Pokalfinale gut – im BVB wäre tatsächlich Frieden eingekehrt. Aber der Trainer legte nach.

„Ich verbiete mir als Trainer, darüber nachzudenken und darauf einzugehen", sagte er. „Es stehen so viele wichtige Spiele an, wir können uns nicht mehr ablenken lassen. Das ist heute noch ein bisschen schwerer als sonst." Der Vorwurf zwischen den Zeilen: Watzke gefährde die Ziele.

Die Vertrauensbasis war endgültig zerstört und nicht mit dem späteren Pokalsieg zu reparieren. Die gesamte Vereinsspitze sah das so. Als Journalist gerät man dadurch in Erklärungsnot. Man kennt die Zusammenhänge aus Hintergrundgesprächen – und darf nicht alles schreiben.

In den sozialen Netzwerken wird der Druck noch dadurch erhöht, dass man die Spekulationen und Verschwörungstheorien in der eigenen Leserschaft mitverfolgen kann. Wie gerne würde man seiner journalistischen Aufgabe nachkommen und die Zusammenhänge erklären.

Hier sind Grenzen gesetzt. Jedes Wort verlangt eine Erklärung. Einen Vertrauensvorschuss, dass ein Journalist den Dingen nachgegangen ist, den Zusammenhang also kennt und sein Urteil begründen könnte, gibt es nicht. Alle wissen es besser. Der Fall Tuchel hat mir die Augen geöffnet.

Niemand wollte verstehen, warum ein Verein einen erfolgreichen Trainer feuert. Watzke wurde wechselweise Populismus und verletzte Eitelkeit unterstellt, noch bevor die Trennung öffentlich und begründet worden war. Dem Urteil der Sportjournalisten wurde nicht vertraut.

Ein Moment des Innehaltens hätte genügt, und jeder dieser Besserwisser wäre auf den Gedanken gekommen, dass genau das Gegenteil richtig war. Es wäre populistisch gewesen, den offenbar populären Trainer zu halten und eben nicht den unbequemen Weg der Trennung zu gehen.

So geht das heutzutage ständig. In diesem Beruf machen sich zu viele Meinungsmacher breit, die in Podcasts flotte Sprüche formulieren, in Tweets die Trolle füttern und trumpesk Fehler als Untergang des Abendlandes beschreien. Die eigene Vita im Sport: belanglos. Recherche: null.

Darum habe ich dieses Buch geschrieben: als Motivation für diejenigen, die ihr Telefon als Werkzeug verstehen oder ihren Wissensdurst im Zigarillo-Qualm stillen. Für diejenigen, denen 29 Minuten Aufmerksamkeit als Belohnung reicht.

Interview mit der Hand Gottes

Wie ich zu Maradona ins Hotelzimmer vordrang

Als ich Diego Maradona das erste Mal sah, so von Angesicht zu Angesicht, fuhr mir ein Schrecken durch alle Glieder. Das also sollte er sein: der beste Fußballer auf Erden. Ein kleiner Mann – der Körper etwas zu speckig, die Haare etwas zu verwegen, der Blick etwas zu unruhig. Und diesen Kerl sollte ich zum Interview verführen?

Ich war gerade 24 Jahre alt und arbeitete bei der Abendzeitung in München. Deutschland, angeführt von Kapitän Lothar Matthäus, war zwei Jahre zuvor Weltmeister geworden und hatte eben jenen Maradona und dessen Argentinier im WM-Finale von Rom 1:0 besiegt. Ich selbst war gerade aus Halle an der Saale in die Weltstadt München gewechselt.

Maradona kannte ich nur aus dem Fernsehen. Dass ich jetzt vor ihm stand, war schon kurios genug. Meine Arbeit in Halle hatte sich bis nach München herumgesprochen. Als der AZ-Sportchef Franz-Hellmuth Urban meine Spielerportraits las, verpflichtete er mich noch am Telefon. 4000 Mark im Monat. Arbeitsbeginn Anfang April. Kein Vorstellungsgespräch.

Meinen ersten Arbeitstag beendete ich mit einer langen Story über … ich weiß es nicht mehr. Was ich noch weiß: Der Sportchef holte sich meinen Text auf den Computerschirm, befahl mich an seine Seite und sagte: „Und jetzt machen wir einen richtigen Text daraus." Er markierte alle Absätze und drückte die Löschtaste. Vier Stunden Arbeit: komplett weg.

Seine Methoden übten gewaltigen Leistungsdruck aus. Nicht jeder Kollege hielt dem stand. Einer schrieb mal im Spätdienst von einem 0:0 zwischen FC Liverpool und dem Klub Anfield Road, nicht ahnend, dass Anfield Road die Liverpooler Stadionadresse ist und nicht der Gegner. Kritik am Text äußerte der Sportchef so: „Das klingt Suahelisch – wobei ich nichts gegen die Suahelis gesagt habe."

Franz-Hellmuth Urbans pädagogisches Feingefühl war so berüchtigt wie erfolgreich. Nicht nur der spätere Spiegel-Chefredakteur Klaus Brinkbäumer und der Abendblatt-Autor Peter Wenig hatten unter ihm, naja, gedient. Reihenweise brachte er Talente hervor. Jetzt war ich an der Reihe.

Erste Bewährungsprobe: Maradona. Nach nur ein paar Monaten in München.

Die Finalniederlage bei der WM hatte Maradona aus der Bahn geworfen. Drogen, Fifa-Sperre, Vaterschaftsklage: Mit Schimpf und Schande hatten sie ihn aus seinem geliebten Neapel vertrieben. Nun wollte er in Sevilla, wo ich ihn in einem Luxus-Hotel aufgestöbert hatte, sein Comeback feiern – in einem Testspiel im Trikot des FC Sevilla gegen Bayern München.

Wie bringt man als Jungredakteur, der ich 1992 war, einen Weltstar aus Argentinien zum Reden? Ich konnte kein Spanisch, nur ein wenig Italienisch, und wenn ich an die Situation von damals denke, wird mir heute noch mulmig. Ich spürte den Druck. Vier Sportredaktionen aus ganz Deutschland hatten meine Dienstreise im Rahmen einer Kooperation finanziert.

Der Express in Köln. Der Kurier in Berlin. Die Morgenpost in Hamburg. Und die AZ in München. Der Auftrag: eine Reportage über das Comeback eines Fußballers zu schreiben, den alle Welt für seine einzigartige Ballbehandlung liebte. Und der wie kein Zweiter die Kontrolle über sein Leben jenseits des Rasens verloren hatte.

Zu seiner besten Zeit verursachte Maradona mehr Rummel als heute Lionel Messi und Cristiano Ronaldo zusammen. Er spielte einzigartig. Ein paar Jahre vorher, bei der Weltmeisterschaft 1986, boxte er im Viertelfinale gegen England den Ball ins Tor und lieferte hinterher für die Berechtigung seines Handspiels eine einfache Erklärung: Es sei „die Hand Gottes" gewesen.

Drei Minuten später nahm er sich an der Mittellinie den Ball und tankte sich im Sturmlauf durch die Abwehrreihe, um sein atemberaubendes Dribbling mit einem Tor zu krönen. Der Treffer wurde später zum Tor des Jahrhunderts gewählt. Drunter machte es Maradona damals nicht. Er wurde Weltmeister und stand auf einer Stufe mit Pelé und Franz Beckenbauer.

Nun sah ich ihn, den von Gott geliebten, in der Lobby des Luxushotels in Sevilla. Ich war perfekt vorbereitet auf ihn, hatte alles gelesen, was das AZ-Archiv bereithielt. Vorher hatte ich mich beruhigt: Beschreiben kann ich ihn immer. Schlimmstenfalls sehe ich ihn mit dem Fernglas. Bestenfalls komme ich so nahe an ihn heran, dass ich in seine Seele schauen kann.

Dummerweise hatte mir eine Freundin einen Satz in den Kopf gepflanzt. Sie sagte: „Wenn du schon mal da bist: Warum redest du nicht mit ihm?"

Alle meine Ausreden, warum das nicht geht, ließ sie nicht gelten. Sie legte nach: „Er ist doch auch nur ein Mensch." Maradona ein Mensch? Er war Gott für mich. Mindestens: ein Heiliger. Kann man mit Heiligen sprechen? Ich nicht.

Aber der Gedanke ließ mich nicht los, seit ich Richtung Sevilla aufgebrochen war. Als ich Maradona in der Lobby sah, pummelig und sehr klein, hielt ich ein Interview nicht mehr für ausgeschlossen. Ich ging zur Rezeption und fragte nach einem Hotelzimmer; die Buchung hatte ich in meiner Aufregung vergessen.

Das Schicksal meinte es an diesem Tag gut mit mir. An der Rezeption arbeitete ein älterer Spanier, dessen Gesicht zu einem einzigen Lächeln aufhellte, als er hörte, woher ich kam. „Aus Deutschland!", wiederholte er in bestem Deutsch und lachte fröhlich. „Aus Deutschland!" Er sprach tatsächlich Deutsch. Er hatte die Sprache irgendwann von einem Mädchen gelernt, damals, als er noch jung war.

Die Studienzeit, die große Liebe, die Tränen hinterher: Er breitete mir die gesamte Geschichte von seiner Jugendliebe im Schnelldurchlauf aus und freute sich, dass ich ihm und seinem korrekten Deutsch so aufmerksam zuhörte. Das Geschäftliche erledigten wir nebenbei. Natürlich habe er ein Zimmer für mich, ein sehr schönes sogar.

Ich erkannte meine Chance und hakte nach: Und was ist mit Maradona – benimmt er sich? Mein neuer Freund steigerte sich in einen Redeschwall hinein. Er erzählte mir alles von Maradona. Vom Clan, der ihn abschirme. Von Rosen, die er seiner Frau Claudia bringen lasse. Von der überbordenden Freundlichkeit gegenüber dem Hotelpersonal.

Vorsichtig platzierte ich meine Fragen. Irgendwelche Eskapaden auf dem Zimmer? Nein, nur Wasser. Blöde Sprüche in der Lobby? Nein, immer sehr, sehr freundlich. Ich notierte und sortierte die Informationen hinterher und verbrachte die nächsten Stunden erwartungsfroh in der Hotelhalle. Was sollte ich auch anderes tun?

Inzwischen wusste ich, dass Maradona zweimal am Tag seine Suite verließ, um mit ein paar Vasallen durch den Park zu joggen. Seine Frau vertrieb sich währenddessen die Zeit mit ihren Töchtern am Swimmingpool. Dorthin schlenderte ich, als Maradona samt Entourage das Hotel verlassen hatte, und wollte mal nach Frau Maradona sehen.

Längst hatte ich beim allseits präsenten Maradona-Manager hinterlegt, dass ich seinen Spieler gerne sprechen würde. Ich schmückte meine Bedeutung etwas aus: Ich sei ja nun extra aus München gekommen, um – dem Anlass angemessen – aus erster Hand zu erfahren, was Maradona zum Comeback beim FC Sevilla treibe.

Als er mir ein kurzes Nein servierte, begann ich unerschrocken die Verhandlungen. Dass es mir ja nicht darum gehe, irgendetwas zu enthüllen, sondern ... Nein! Das Gespräch sollte ja auch nicht lange dauern, vielleicht fünf oder sechs Fra... Nein! Vielleicht könnte er sich mal in meine Lage ... Nein! Immer wieder: Nein! Nein! Nein!

Der nette Spanier von der Rezeption, der so perfekt Deutsch sprach und sich als Dolmetscher angeboten hatte, empfand Mitleid. Tun konnte er nichts. Der Maradona-Manager sah nicht danach aus, als ob er meine Hartnäckigkeit als Tugend belohnen wollte. Also ging ich, wie gesagt, ziellos zu Frau Maradona an den Swimmingpool. Da saß sie und spielte mit ihren Töchtern.

Zu meinen ungeahnten Fähigkeiten gehört es, dass ich gut mit Kindern kann. Ich weiß auch nicht warum. Aber Kinder mögen mich. Zuerst ein Blickkontakt. Dann ein Lächeln. Irgendwann saß ich neben Dalma und Giannina, damals fünf und drei Jahre alt, und stapelte mit ihnen am Beckenrand die Bauklötze aufeinander.

Frau Maradona war nicht naiv. Sie hatte mitbekommen, dass ich Journalist war und auf ein Interview mit ihrem Mann lauerte. Aber ein 24-jähriger Jüngling, der mit ihren Töchtern geduldig Türme baute und wieder abriss, der aufrichtig mitlachte, wenn die Kinder lachten, konnte kein schlechter Mensch sein. Auch wenn er aus Deutschland kam und Journalist war.

Wir verabschiedeten uns nach über einer Stunde freundlich und ohne Hintergedanken am Swimmingpool. Es mag wohl Eindruck gemacht haben, dass ich meinen Gesprächswunsch bei ihr nicht erneuert habe. Reden konnten wir eh nicht miteinander. Mein spanischer Übersetzer hatte längst Feierabend und war verschwunden.

Am nächsten Morgen saß ich in der Lobby und trank einen Kaffee. Ich dachte noch: Maradona müsste gleich vom Jogging kommen, als plötzlich die Geräuschkulisse anhob und der Starkicker schwitzend und in Begleitung seiner Laufgruppe das Hotel betrat. Er sah mich, zeigte mit dem Finger auf mich und bedeutete mir mit einem Schnipp: Mitkommen!

Sofort stand ich auf, winkte meinen spanischen Freund, der wieder brav hinter dem Tresen an der Rezeption arbeitete, aufgeregt heran. Zu zweit folgten wir Maradona durch die Hotelflure, bis der Maradona-Manager mürrisch im Türrahmen der Hotelsuite stand und mir unmissverständlich zu verstehen gab: „Nur fünf Fragen!"

Seine Hand, nach oben gereckt, spreizte alle fünf Finger so drohend ab, dass Nachverhandlungen zwecklos schienen. Nur fünf Fragen! Ich nickte demütig und schritt in die Maradona-Suite. Ich war drin. Maradona schleuderte seine verschwitzten Trainingsklamotten in eine Ecke und stand plötzlich nur in kurzen Hosen vor mir.

Seine Frau lächelte mir ermutigend zu. Ich stellte meine Fragen, und jedes Mal schrie der furchtbare Manager die erreichte Anzahl meiner Fragen in den Raum. Eins! Zwei! Bei Vier! hörte er auf. Er merkte offenbar, dass ich nichts Böses wollte. Und dass Maradona mich mochte. „Ich will kein Vorbild für die Jugend sein", sagte er zu den Verfehlungen in der Vergangenheit.

Jeder solle seine eigenen Erfahrungen und seine eigenen Fehler begehen. Es schwang Lebensweisheit in seinen Worten mit. Frau Maradona fühlte sich bestätigt: Sie hatten die beiden richtigen zum Gespräch zusammengebracht. Das Interview endete harmlos. Ich fragte nach den Golfschlägern, die an der Wand lehnten. Er wolle spielen wie Beckenbauer, hat er geantwortet.

Wir lachten. Das war's. Ich hatte mein Interview. Was ich wohl heute aus dem Gespräch gemacht hätte? Bestimmt ein paar Selfies. Einige Tweets. Postings auf Facebook und Instagram. Erschienen ist: eine Reportage auf der Seite 3 in der AZ und ein paar Storys in den anderen Zeitungen. Ein Foto mit Maradona habe ich nicht; nur sein Autogramm auf einem Hotelprospekt.

Ich habe keine Ahnung mehr, wie das Bayern-Testspiel ausging. Aber ich weiß noch, wie ich nach dem Spiel mit Bayern-Manager Uli Hoeneß an der Hotelbar saß und wir über Maradona geredet haben. Er geriet fast ins Schwärmen. Er entwickelte dort zu später Stunde einen verwegenen Plan mit Maradona. Aber davon erzähle ich ein anderes Mal.

Zwischen Hoeneß und Beckenbauer

Wie überlebt man als junger Reporter an der Säbener Straße?

Natürlich verfolge ich seit Monaten und Jahren, was über Franz Beckenbauer und die Weltmeisterschaft 2006 recherchiert und veröffentlicht wird. Natürlich stinkt zum Himmel, was beim Deutschen Fußball-Bund hinter den Kulissen passiert sein muss. Trotzdem tut mir das Beckenbauer-Bashing, ganz ehrlich, in der Seele weh.

Als ich bei der Abendzeitung München anfing, war Deutschland zwei Jahre vorher Weltmeister in Rom geworden. Mit Franz Beckenbauer als Teamchef. Die Bayern waren noch längst nicht die dominierende Macht, die sie heute sind, und wurden eben nicht jedes Jahr Deutscher Meister. Härtester Rivale war, man staune, der 1. FC Kaiserslautern.

Wir reden von einer Phase, als Dynamo Dresden und Lok Leipzig (damals als VfB Leipzig) in der Bundesliga spielten. Anfang der 90er Jahre. Manager Uli Hoeneß verzweifelte damals fast, dass der 13. Meistertitel (inzwischen sind es mehr als doppelt so viele) nicht gelingen wollte. Er hatte sogar Lothar Matthäus von Inter Mailand zurück nach München geholt.

Aber Erich Ribbeck war seinerzeit Trainer und schaffte nicht den letzten Schritt nach ganz oben. Als Präsident beobachtete Franz Beckenbauer die Entwicklung der Mannschaft unter seinem Golffreund äußerst übel gelaunt. Gerüchte machten die Runde. Es sprach sich herum, dass sich der Trainer mit der Vizemeisterschaft begnügen wollte. Und das in München.

Eines Tages bekam ich einen Anruf in der Sportredaktion. Direkt aus der Adidas-Zentrale, vom Ausrüster. Der Informant schwor: Ribbeck sei so gut wie weg. Vermutlich noch vor Weihnachten. Ich stutzte. Es war Mitte Dezember. Das Auswärtsspiel in Dresden stand bevor. Ein sicheres Ding. Eigentlich. Warum sollte der FC Bayern München einen Trainer austauschen, mit dem er auf Platz zwei lag?

Sogar ein Nachfolger wurde gehandelt. Co-Trainer Hermann Gerland. Der Tiger. Einer mit Reputation und Bundesliga-Erfahrung. Ich konnte mir keinen Reim auf das alles machen. Nicht zu diesem Zeitpunkt. Was macht man in einer solchen Situation? Eine zweite Quelle gab es nicht. Darf man eine solche Story trotzdem drucken? Wir warteten noch.

Man darf sich, was den Informationsfluss beim FC Bayern betrifft, keinen großen Illusionen hingeben. Am Ende finden alle Nachrichtenströme ihren Ursprung in der Geschäftsstelle an der Säbener Straße 51. Das Durchstechen von Informationen hat dort Tradition: Irgendwer möchte immer das öffentliche Erscheinungsbild beeinflussen oder harte Entscheidungen vorbereiten.

Den Reporter selbst anrufen – wäre unklug. Königsmörder überleben selten. Also: anrufen lassen. Notfalls vom Vertrauten in der Adidas-Zentrale. Und zwar so, dass die Spur nicht zurück zur Geschäftsstelle verfolgt werden kann. Man muss nur aufmerksam alle exklusiven Meldungen über den FC Bayern lesen, um das Muster regelmäßig zu erkennen.

Der Abgang von Mario Götze 2013 zum FC Bayern: Noch heute rätselt man bei Borussia Dortmund, wer die Information ausgerechnet am Tag vor dem Champions-League-Viertelfinale gegen Malaga geleakt hat und offenbar bewusst Unruhe stiften wollte. Oder zuletzt Trainer Niko Kovac bei Eintracht Frankfurt: Keiner weiß, wie sein Wechsel zu Bayern vorzeitig bekannt werden konnte.

An der Säbener Straße thront Uli Hoeneß damals wie heute in einem Büro mit Rattanmöbeln, lauernd wie eine Spinne in der Netzmitte, wo alle Fäden zusammenlaufen. Er wusste seinerzeit früher als jeder andere, dass ich zu Sport-Bild wechseln würde. „Viel Erfolg in Hamburg!" raunzte er mir eines Tages im Vorbeigehen auf dem Trainingsgelände zu.

Verdutzt blieb ich stehen und schaute Uli Hoeneß hinterher. Erst zehn Meter weiter drehte sich der Manager um und grinste mich spitzbübisch an. „Na, stimmt's?", fragte er scheinheilig. Ich bekam den Mund nicht mehr zu und bat um Aufklärung. Der Chefredakteur Gerhard „Max" Pietsch hatte sich bei ihm erkundigt, was ich für ein Typ sei. Hoeneß zählte eins und eins zusammen.

Man darf ihn da nicht unterschätzen. Er pflegt seine jungen Bayern-Reporter. Als wir uns das erste Mal in seinem Büro begegneten, machte uns mein Kollege und der spätere Spiegel-Reporter Jörg Kramer miteinander bekannt. Uli Hoeneß ließ keinen Zweifel daran, dass er mit meiner Bekleidung nicht einverstanden war. Lederschuhe ohne Socken: Er ahnte die Arbeit, die vor ihm lag.

Bei jeder Gelegenheit, zum Beispiel bei Hallenturnieren, nahm er die Jung-füchse beiseite und erklärte ihnen, wie Profifußball funktioniert. Das Trans-fersystem im Fall Karsten Bäron vom Hamburger SV. Die Geldverteilung beim neuen Fernsehvertrag, als Sat.1 mit „ran" die Bundesliga-Rechte erstei-gerte. Im Gegenzug erwartete er zweierlei: Loyalität und Vertraulichkeit.

Hatte man als Bayern-Reporter eine andere Wahl? Einmal veranstaltete die Torwart-Legende Toni Schumacher mit seiner neuen Lebensgefährtin Jasmin eine Charity-Verlosung im Sheraton-Hotel. Auch Uli Hoeneß war mit seiner Frau zu Gast. Inzwischen war ich geschult: In Anzug und Kra-watte ging ich an seinen Tisch und begrüßte zuerst seine Frau und dann ihn formvollendet.

Ja, die Szene am Gala-Tisch hatte etwas Mafiöses: Ich erwies dem Don meine Ehrerbietung. Am nächsten Tag rief mich Uli Hoeneß am Arbeits-platz an. Er wolle mir nur sagen, wie gut ihm und seiner Frau erstens meine Manieren und zweitens meine gepunktete Krawatte gefallen hätten. Dass ich ihn jederzeit kontaktieren dürfe, wenn ich Dringendes benötige.

Kontaktieren ist bei Uli Hoeneß ein aufwändiger Vorgang. Man schickt ihm ein Telefax und wartet auf seinen Rückruf. Einen Computer auf dem Schreibtisch: gibt es bis heute nicht. Also auch keine Emails. Ein Fax reicht. Der Rückruf kann zwar etwas dauern, geschieht aber zuverlässig. Morgens, mittags, nachmittags – man weiß es nie so genau. Und dann muss man auf Zack sein.

Daran denke ich heute gelegentlich, wenn Christian Falk, den ich 2006 von der Münchner Tageszeitung „tz" zu Sport-Bild geholt habe, Exklusives über Bayern München veröffentlicht. Am Anfang beschwerte sich Hoeneß immer wieder über dessen inquisitorische Fragestellungen. Heute gibt es keinen Bayern-Reporter, der besser über das Innenleben des Rekordmeisters informiert ist.

Zurück zu Erich Ribbeck. Zum Anruf aus der Adidas-Zentrale. Es bestand kein Zweifel: Die Tage des Trainers waren gezählt. Mein Sportchef selbst ging der Sache nach. Er kam zum selben Ergebnis. Wir konnten die Zweifel an Ribbeck aber nicht dingfest machen. Niemand äußerte sich öffentlich. Wir brachten nur Andeutungen – und mussten das nächste Spiel abwarten.

Das Spiel in Dresden. Es regnete wie aus Eimern, und ich weiß es wie heute: Über der Pressetribüne im Rudolf-Harbig-Stadion gab es kein Dach.

Der Regen ergoss sich, kein Witz, literweise über meiner Tastatur. Pünktlich zum Abpfiff an diesem Freitagabend, als ich meinen Text in die Redaktion senden wollte, verabschiedete sich mein Computer. Beide Texte: futsch. Radioreporter Karsten Klein machte Witze neben mir.

In solchen Momenten werde ich eiskalt. Telefonapparat geschnappt. Per Festnetz Verbindung in die Redaktion. Und aus dem Kopf dem Spätdienst Aufmacher und Zweittext ins System diktiert. Wort für Wort auswendig, was ich vorher geschrieben hatte. Abgabe rechtzeitig vor Druckbeginn. Keine Ahnung, woher ich diese Konzentration nahm.

Als der letzte Satz nach München übermittelt war, brach ich auf der Pressetribüne zusammen. Ich war durchnässt und völlig fertig. Natürlich würde der Text Fehler haben. Ich war überzeugt: Das war mein letzter Arbeitstag in München – solche Texte lässt mir mein Sportchef niemals durchgehen.*

Ich fuhr, was damals noch möglich war, mit einem Taxi ins Mannschaftshotel des FC Bayern, um mich zu betrinken. Ich kam an, und dann standen sie alle mit einem Bier an der Hotelbar. Präsident Fritz Scherer. Manager Uli Hoeneß. Ex-Trainer Udo Lattek. Ein paar andere noch. Und natürlich Erich Ribbeck, der Trainer.

Ribbeck versuchte im kleinen Kreis, das 1:1 zu rechtfertigen. An den Blicken seiner Zuhörer erkannte ich schnell ihr Misstrauen. Den Zuspruch bekam ich, nicht der Trainer. Ich sollte mir keine Sorgen machen: Über den Spielbericht würden sie, weil sie die Umstände ja jetzt kannten, kein böses Wort verlieren. Ribbeck nickte. Ob er wohl ahnte, dass seine Zeit vorbei war?

Es dauerte nur ein paar Tage, bis Bayern Vollzug meldete. Nicht Hermann Gerland wurde Cheftrainer – sondern Franz Beckenbauer. Für mich hieß das: Fortan würde ich, der Bayern-Reporter, mit dem Kaiser fast jeden Tag an der Säbener Straße zusammenarbeiten. Und ich kann, bevor ich Details nenne, jetzt schon sagen: Die Zeit mit Franz Beckenbauer war prägend.

Um es in meiner Sprache zu sagen: Ich hätte Verständnis gehabt, wenn Beckenbauer mich, den Jungen aus dem Rheinland, nicht mit dem Hintern angeschaut hätte. Er war: der Kaiser. Die Lichtgestalt. Der Weltmeister. Aber nie, weder damals noch in den Jahren danach, habe ich ihn respektlos oder arrogant erlebt, wenn wir vor ihm saßen und Fragen stellten, die simpel klangen.

Einmal lungerte ich vor lauter Langeweile auf dem Trainingsgelände an der Säbener Straße herum. Längst waren, wie ich enttäuscht festgestellt hatte, alle Spieler auf dem Heimweg. Da kam Beckenbauer aus der Geschäftsstelle, unterm Arm ein Stapel ausgedruckter Statistiken über den nächsten Gegner. Auch das lernte ich: Nichts funktioniert bei ihm mit Handauflegen. Er arbeitete wie besessen in seinem Trainerjob.

Beckenbauer genoss den Ruf, dass er seine Mannschaft allein mit dem Aufruf „Geht raus und spielt Fußball" auf den Rasen schickt. Ich sah, wie sogar eine Lichtgestalt nur mit Detailtiefe Erfolg hat. Ich machte mir die Akribie später, als ich Chef wurde, zu eigen. Sogar Bildunterschriften sollten nicht ohne mein Okay in Druck gehen.

Was mir imponierte: Immer hatte er bei aller Anspannung, die der Job erzwingt, gute Laune. Wenn er uns Journalisten in einer Hotellobby entdeckte, blieb er wie selbstverständlich stehen, grüßte alle und begann in seinem typischen Münchner Dialekt mit der Flachserei: „Na, Ihr Wegelagerer! Habt Ihr nichts zu tun?" Daraus entstand meistens ein Gespräch, das überhaupt nichts mit Fußball und Bundesliga zu tun hatte.

Beckenbauer interessierte sich für die jungen Leute von der schreibenden Zunft. Als er zum Beispiel einen TV-Auftritt beim Bayerischen Rundfunk hatte, war ich hinter den Studiokulissen dabei, um zeitnah einen Text zu seinen Aussagen zu verfassen. Der Weg vom BR-Studio auf dem Gelände zum Besucherparkplatz am Ausgang dauerte irre lange.

Der Kaiser, der natürlich vor der Studiotür parken durfte, zögerte keine Sekunde und bot mir den Beifahrerplatz in seinem Mitsubishi an: „Kommen Sie, ich fahre Sie zum Auto draußen." Ich stieg in seinen Wagen, wir plauderten über das viele Geld, das ein französischer Fußballstar wie Jean-Pierre Papin kassieren wollte, und verabschiedeten uns herzlich.

Nach einem Auswärtssieg in Leipzig lud er alle Journalisten auf einen Drink an die Hotelbar ein. Wir, die wir alle ein Z im Zeitungsnamen trugen (AZ, SZ und TZ), saßen um ihn herum und hörten, wie er über das deutsche Versicherungssystem schimpfte. „Alles abschaffen, alles auf Anfang!", wetterte er. Er verlangte nicht einmal, dass das Gesagte geheim bleiben sollte.

Mit diesem Beckenbauer-Swing holten die Bayern den 13. Titel. Die Meisterschaft feierten sie auf dem Nockherberg. Im Übermut legte Beckenbauer den Ball beim Torwandschießen vom Aktuellen Sportstudio auf ein Weißbierglas. Ich war live dabei, als er schoss und der Ball von der Schaumkrone unten rechts ins Eck hoppelte. So war Beckenbauer damals: ein Alleskönner.

2006, ich arbeitete inzwischen bei Sport-Bild als Chefredakteur, stand er auf unserer Bühne und nahm dankend unseren Award entgegen, weil er mit der WM-Organisation eine Leichtigkeit im Land erzeugt hatte, die sich die Deutschen selbst nicht zugetraut hatten. Ich mag diese Stimmung vom Sommermärchen nicht vergessen, wenn andere über Beckenbauer vorschnell urteilen.

Anfang 2016 trafen wir uns beim Fußballtalk „Sky90" in einem Vorort von München nach vielen Jahren wieder. In der Garderobe warteten wir auf unseren Auftritt. Hans-Joachim Watzke, der Geschäftsführer von Borussia Dortmund, war dabei. Im Hintergrund lief ein Bayern-Spiel im Fernsehen. Beckenbauer fluchte wie verrückt.

Er mochte den Fußball von Trainer Pep Guardiola nicht. „Nachher spielen sie den Ball noch auf der Torlinie quer", schimpfte er. Watzke lachte verschmitzt. Auf einem anderen Monitor lief Golf. „Das ist der wahre Sport", jauchzte Beckenbauer noch. Damals ahnte ich nicht, dass es einer seiner letzten Auftritte bei Sky werden sollte.

Beckenbauer hat sich mittlerweile fast vollständig aus der Öffentlichkeit zurückgezogen. Auch aus gesundheitlichen Gründen. Darf man als Journalist sagen, dass man den Kaiser vermisst? Keinesfalls möchte ich den Eindruck erwecken, dass ich Beckenbauers zwiespältige Rolle in der WM-Affäre um die dubiose Zahlung von 6,7 Millionen Euro verharmlosen möchte.

Was ich aber erkenne, ist die erhöhte Bereitschaft, zuerst einen prominenten Sündenbock zu ermitteln und ihn anschließend im Internet so zu stigmatisieren, dass aus einem Makel eine Lebenslüge konstruiert wird. Aus Kritik wird dann Bashing.

Unzweifelhaft hat Beckenbauer leichtfertig Fehler begangenen, und dass die Vorgänge nicht restlos aufgeklärt werden können, ist untragbar. Aber Beckenbauer verkörpert eben den Widerspruch: Anziehungskraft und fehlerhaftes Handeln. Für Journalisten kann es kaum eine spannendere Persönlichkeit geben.

Nachtrag: Am Sonntagmorgen, also zwei Tage später, sagte mir der AZ-Sportchef Franz-Hellmut Urban wörtlich in der Redaktion: „Das war eine fantastische Berichterstattung aus Dresden." Die Kollegen nickten zustimmend. Überraschenderweise behielt ich meinen Job.

Mit einem Hoeneß im Clinch

Der Unterschied zwischen Uli und Dieter

Im Laufe der Saison bekam ich einen Anruf aus München. Ein Redakteur der Fußball-Talkshow Sky90 fragte mich, ob man mich so gegen 23 Uhr telefonisch in die Sendung schalten dürfe. Das Thema, natürlich: Borussia Dortmund und die Abwehrschnitzer. Ich sagte zu; obwohl ich nicht wusste, wer in der TV-Runde sitzt.

Zu Gast bei Moderator Patrick Wasserziehr, einem alten Freund aus Hamburg, war nicht nur Michael Henke vom FC Ingolstadt 04, den ich mittlerweile seit mehr als 23 Jahren aus der BVB-Zeit kenne. Sondern auch Dieter Hoeneß, Bruder des Bayern-Präsidenten, Bundesliga-Profi und danach Manager von Hertha BSC in Berlin und beim VfL Wolfsburg.

Gespräche mit Dieter Hoeneß sind für mich immer eine Herausforderung. Wir hatten, als ich Sport-Bild leitete, eine Menge Ärger miteinander, viele Versöhnungen und inzwischen einen Waffenstillstand. Er hat seinen Anteil daran, dass ich vor vielen Jahren zum ersten und einzigen Mal meinen Führerschein verloren habe. Heute lache ich darüber. Aber der Reihe nach.

Damals war ich ziemlich stinkig auf ihn. Ich weiß nicht mehr genau, worum es vor über elf Jahren ursprünglich ging. Irgendetwas mit seiner Loyalität zum Trainer Falko Götz. Es gab Schreiben von Anwälten, Unterstellungen, Vorwürfe. Das Übliche halt. Erneut sollten und wollten wir uns zu einer Aussprache treffen.

Man kann den großartigen Hans-Georg Felder nicht genug für seine Geduld und seine diplomatischen Fähigkeiten loben, wie er als Pressesprecher damals wiederholt Brücken zwischen Dieter Hoeneß, seinem Chef in Berlin, und mir, dem Chefredakteur aus Hamburg, zu bauen versuchte. Die Nerven hätte ich nie gehabt.

Er organisierte ein Treffen im Robinson Club Fleesensee, auf halber Strecke zwischen Berlin und Hamburg. Ich fuhr die 200 Kilometer im Auto und spielte alle Szenarien, wie das Gipfeltreffen laufen könnte, und die Argumentationsketten in Gedanken durch. Klärende Gespräche sind für

Journalisten, die Magazine mit großen Schlagzeilen produzieren, nichts Ungewöhnliches.

Ständig gab es Ärger. Jeden Mittwoch riefen mich am Erscheinungstag ein halbes Dutzend Leute aus der Bundesliga an, die ihren Standpunkt nicht ausreichend gewürdigt, ihre Darstellung nicht korrekt wiedergegeben oder sich vorsätzlich benachteiligt sahen. Am besten waren die Gespräche mit Uli Hoeneß.

Auf Stufe 1 seines Erregungszustands brüllte er minutenlang durchs Telefon, was wir bei Sport-Bild wieder Falsches über seine Bayern berichtet hätten („Das kostet uns Millionen!"), um am Ende des Telefongesprächs leise und sehr freundschaftlich zu sagen: „Dann kommen Sie halt mal auf eine Brotzeit im Käfer vorbei."

Diese Treffen im Restaurant Käfer waren von einer solchen Herzenswärme und Vertrautheit, dass ich niemals ein böses Wort über den Menschen Uli Hoeneß verlieren würde (und allein sein Handeln und seine Entscheidungen berufsbedingt kritisiere). Mir ist ein Manager mit offenem Visier tausendmal lieber als die Heckenschützen der Liga. Die gibt es auch.

Stufe 2 des Erregungszustands war schon etwas weniger hemdsärmelig. Ich erinnere mich an die Zeit, als Jürgen Klinsmann Trainer bei den Bayern wurde. Wir sahen sein Engagement recht kritisch, was weniger an Klinsmann als an der Konstellation lag: Wie sollte einer, der den deutschen Fußball revolutioniert hat, zu den Bayern passen?

Die Bayern-Bosse witterten die Gefahr, die von unserer Grundhaltung ausging; unsere Fannähe konnte das intern umstrittene Projekt mit Klinsmann stören. Also wurde ich zu einem Gespräch auf die Geschäftsstelle gebeten. Auch das: nichts Ungewöhnliches. Ich habe die Einladung nicht als Rapport, sondern als Meinungsaustausch empfunden.

Die Bayern sind nicht unhöflich (anders als Dieter Hoeneß, auf den ich gleich zurückkomme). Pressesprecher Markus Hörwick begleitete mich zu seinen Bossen im Sitzungssaal, wo sie mich schon nebeneinander sitzend erwarteten, angriffslustig und hoffnungsvoll. Von links: Finanzchef Karl Hopfner, Vorstandsvorsitzender Karl-Heinz Rummenigge und Manager Uli Hoeneß.

Es ging gleich zur Sache. Die Argumente flogen mir wie Geschosse über den Tisch entgegen. Bämm, Bämm, Bämm. Warum Klinsmann der richtige Mann ist! Warum unsere Berichterstattung zu voreilig ist! Ob das jetzt unser Plan sei, den Trainer grundlos zu demontieren! Was mir überhaupt einfiele!

In solchen Momenten, wenn die geballte Kraft des FC Bayern vor einem zu Gericht sitzt, muss man kühlen Kopf bewahren. Sich alles anhören. Freundlich nicken. Und das Ende des Sturms abwarten. Gewinnen kann man die Diskussion ohnehin nicht. Man kann nur standhaft bleiben und ganz am Ende seine Motivation erklären.

Die Bayern wissen eine solche Standhaftigkeit zu schätzen, denn sie erkennen: Da sitzt keiner, der sofort umfällt – sondern einer, der seine Reporter schützt, wie sie selbst ihren Trainer und ihre Spieler schützen. Sie nicken dann zurück. Irgendwann kippt eine solche Runde ins Gegenteil. Alle Argumente sind vorgetragen, alle Anwesenden zufrieden und entspannt.

Hoeneß fragt plötzlich, wie es meinem Neugeborenen geht. Rummenigge will was zur Heftauflage wissen. Und Hopfner gibt ein Zeichen: Es wird Zeit für eine Runde Weißbier. Spätestens dann lachen alle, und der Ärger ist verraucht. Das liebe ich ja am Fußball: Man streitet über die Sache – und trinkt hinterher ein Bier zusammen.

Die Bayern-Bosse wussten ja längst, dass das mit Klinsi nicht auf Dauer gutgehen kann. Einmal hat Jürgen Klinsmann darauf bestanden, dass unser Raimund Hinko, eine Institution unter Münchens Sportjournalisten, nicht seiner Pressekonferenz im Bayern-Stüberl beiwohnen durfte; sonst würde er nichts sagen.

Hinko ist seit 1974 Bayern-Reporter und wurde plötzlich des Raumes verwiesen: Bei einer Aussperrung muss ich reagieren. Inständig kam die Bitte des Pressesprechers, diese heikle Angelegenheit nicht öffentlich zu eskalieren; alles regle sich doch von selbst. Ein erster Hinweis, wohin die Pläne in der Personalie Klinsmann tatsächlich gingen.

Heute wünschte ich, bei Dieter Hoeneß wären die Probleme auch so geräuschlos zu lösen gewesen. Waren sie aber nicht. Ich saß im Auto, wie gesagt, und brachte mich in Angriffslaune. Ein fataler Fehler. Auf der Autobahnabfahrt nach Fleesensee stand das erste Blitzgerät: Erwischt! 130 statt 80 km/h. Meine Wut schwoll an.

An der Ortseinfahrt das zweite Blitzgerät: Erwischt! 70 statt 50 km/h. Ich ahnte, dass ich meinen Führerschein für mindestens vier Wochen los sein würde. Muss ich noch schildern, in welchem Gemütszustand ich Dieter Hoeneß gegenübertrat? Nicht lachen! Im Verlauf der nächsten vier Stunden fiel der anwesende Pressesprecher Hansi Felder von einer Ohnmacht in die nächste.

In meinen Kommentaren hatte ich Dieter Hoeneß immer wieder Machtlust unterstellt, die Degradierung seiner Trainer zu Marionetten. Und weil es persönlich wurde, kam immer wieder sein Verhältnis zum großen Bruder Uli zur Sprache: dass der andere Hoeneß im Grunde der bessere Manager ist.

Irgendwann verhakte sich der Streit in Nebensächlichkeiten. Zum Beispiel darin, ob der Manager die Umkleidekabine rechts oder links herum verlässt. Ich gebe zu: Das war kindisch. Die Konfrontation gehört trotzdem Reporteralltag und wird umso schwieriger, wenn die gegenseitige Abneigung mit Händen zu greifen ist.

Dieter Hoeneß und ich knallten uns die Vorwürfe wechselseitig um die Ohren. Mehrfach standen wir vom Tisch auf, um das Gespräch vorzeitig und ergebnislos zu beenden, und setzten uns dann widerwillig und auf Geheiß von Hansi Felder zur nächsten Boxrunde wieder hin, um zu retten, was nicht mehr zu retten war. Von bayerischer Gemütlichkeit: keine Spur.

Im Obergeschoss des Robinson Clubs am Fleesensee wurde wohl selten so verbissen um jedes Komma der Berichterstattung gekämpft. Natürlich gaben wir uns nach diesen vier Stunden die Hand. Aber wir wussten: Freunde werden wir nicht mehr.

Das alles ist jetzt Jahre her. Heute denke ich mir: Eigentlich eine schöne aufregende Episode in meinem Berufsleben. Wenn ich heute persönlich auf Dieter Hoeneß träfe und nicht nur telefonisch zugeschaltet, wüsste ich, wie es ausginge. Wir würden lachen und sowas wie „verrückte Zeit" sagen. Und uns unseren Teil denken.

Mehr Boris als Becker

Das ambivalente Verhältnis zu Sportlegenden

Es war auf einem Kreiswandertag in der Nähe von Monschau, ich weiß es noch ganz genau. Ich lief aufgeregt mit Notizblock und meiner Nikon-Kamera F301 durch die Reihen der Wanderfreunde und hatte nur einen Gedanken: Ganz schnell meine Fotos für die Eifler Nachrichten machen – und dann nichts wie weg und nach Hause. Boris Becker spielt.

Ich war damals, Mitte der 80er Jahre, Schüler am St.-Michael-Gymnasium in Monschau und verdiente mir als freier Mitarbeiter meine ersten Sporen als Journalist, und vor allem: mein erstes Geld in der Lokalredaktion der Aachener Nachrichten. Ich war sowas wie der Harry Hirsch der Eifel. Immer auf Achse. Ein Traumjob, schon damals.

Ich durchkreuzte fast täglich die Eifel von Kalterherberg im Süden bis Roetgen im Norden, machte Abstecher in Simmerath, am Rursee und in Mützenich, um am Ende Manuskripte und Schwarzweißfotos bei Raimund Palm und Heiner Schepp in der Redaktion in Imgenbroich abzuliefern. Damals tippte man Texte auf einer Reiseschreibmaschine.

Das bunte Vereinsleben diktierte meinen Zeit- und Themenplan. St. Hubertus Schützenbruderschaft Roetgen. Trommler- und Pfeiferkorps Rollesbroich. Die vielen Sportvereine in der Kreisliga A. Überall tummelte ich mich. Die Nordeifel ist länger gestreckt, als man denkt. Ich war 17; ein Auto hatte ich nicht. Meistens nahm ich den Bus, um von A nach B zu kommen.

Manchmal trampte ich an der B 258, die das gesamte Gebiet durchkreuzt. Darum war ich beim Kreiswandertag nervös. Wie sollte ich es rechtzeitig zu Boris Beckers erstem Aufschlag im Finale von Wimbledon in die Jennepeterstraße in Roetgen schaffen? Er, der Titelverteidiger, spielte gegen den scheinbar übermächtigen Ivan Lendl. Das durfte ich nicht verpassen.

So war das damals mit dem Tennis. Wie mir ging es fast allen Sportfans: Boris Becker elektrisierte uns. Der ewig 17-jährige Leimener: Keinen Ballwechsel wollten wir von ihm verpassen, keine einzige Netzattacke, keinen Wutausbruch, kein Bumm-Bumm. Boris Becker war der coolste Sportler auf Erden. Klingt das heute nicht verrückt?

Ich möchte es hier einräumen: Niemals in den vielen Jahren danach, als Häme und Spott kübelweise über ihn ausgeschüttet worden sind, habe ich über Boris Becker ein böses Wort verlieren können. Da bin ich total unjournalistisch: Boris Becker sollte immer Held meiner Jugendzeit bleiben. Bis heute. Er ist nur ein paar Monate älter als ich.

Warum ich das hier erzähle: Typen wie Boris Becker sind der Grund, warum ich Sportreporter geworden bin. Ich wollte mehr von den Spitzensportlern erfahren: Wer sie wirklich sind und was sie zu Höchstleistungen antreibt, auf welche Weise sie mit Niederlagen umgehen und wie sie ihren Alltag meistern. Mittlerweile darf ich sagen: Bei vielen Sportlern ist mir das gelungen.

Boris Becker habe ich später mehrmals getroffen und besitze seine Handynummer; und ich konnte mein offensichtliches Groupie-Gehabe bestmöglich verbergen. Wir Reporter neigen nicht selten dazu, die Helden ihrer Zeit vom Sockel zu holen. Es ist wie eine Sucht und wirft eine fundamentale Frage auf: Wie geht man als Reporter mit einem Star um, der Kanten zeigt? In der Antwort liegt etwas Schizophrenes. Einerseits beklagen Reporter den Mangel an Persönlichkeiten, die sich den Gepflogenheiten und Erwartungen in der Öffentlichkeit aufschlussreich entziehen. Andererseits werden jede noch so kleine Abweichung und Verfehlung folgenreich abgestraft.

Nehmen wir Lothar Matthäus. Er ist Weltmeister und Rekordnationalspieler, also unbestritten ein Großer des Fußballs, und bestens vernetzt in der Medienlandschaft. Dankend wird jede Liaison in Schlagzeilen gehoben, jeder Versprecher im fränkischen Dialekt der Lächerlichkeit preisgegeben. Muss das sein? Ich komme in einem späteren Kapitel darauf zurück.

Leider macht mich der Gedanke daran wütend. Die Arbeit von Sportreportern, die näher dran sind als jeder Fan, wird seltener geschätzt. Das soziale Netzwerk ist ein Fluch für uns Sportreporter. Sobald einer wie Boris Becker eine Schwäche zeigt, und sei es eine private, fällt die Internetgemeinde wie ein Heuschreckenschwarm über ihn her. Manchmal sekundenschnell.

Ein Versprecher am Mikrofon – und Twitter liefert Salven von Munition. Man könnte den vermeintlichen Volksmund als Randerscheinung abtun. Leider entsteht in der Blase ein öffentliches Meinungsbild, dem man sich in der professionellen Betrachtung kaum entziehen kann. Schlimmer noch: Wer gegen den Mainstream schwimmt, gerät selbst unter Beschuss.

Die Besserwisser im Netz sind nie zimperlich. Als ich Liverpools Torhüter Loris Karius nach dem zweiten Patzer im Champions-League-Finale 2018 Mitleid zugestand, flog mir ein älterer Tweet um die Ohren. 28 Minuten zuvor hatte ich ihm den ersten Patzer vorgehalten. Prompt wurde mir Doppelzüngigkeit vorgeworfen. Das Echo gipfelte in Beleidigungen.

So geht das ständig. Sobald man zum Beispiel Ultra-Fangruppierungen die Verwendung von bengalischen Feuern vorhält, erhebt sich das organisierte Fanwesen nicht nur zum Widerstand. „Lösch dich!" ist noch die harmloseste Forderung. Die Androhung eines Kieferbruchs gehört inzwischen dazu. Was mich am meisten trifft: die Abrede von Kompetenz in der Sache.

Sportreporter müssen heutzutage mit diesen Anfeindungen umgehen können. Ignorieren kann man den Mob nicht. Das wäre so, als würde man von einem Reporter verlangen, dass er seine Ohren auf taub stellt. Aber das gehört ja zur DNA eines guten Reporters: dass er hinhört. Leider geht darüber die Freude an sportlichen Höchstleistungen verloren. Ich wollte sie mir bewahren.

Damals in der Eifel stand ich zappelnd an der Bundesstraße und hielt den Daumen hoch. Ein Wagen hielt an, und ein netter Herr bot mir eine Mitfahrgelegenheit. Ich kannte ihn – er kam ebenfalls gerade vom Kreiswandertag. Es war Achim Großmann von der SPD. Er hatte ein bisschen Wahlkampf gemacht.

Im Januar 1987 sollte ein neuer Deutscher Bundestag in Bonn gewählt werden. Wir kamen ins Plaudern. Er rechnete sich gute Chancen aus, erstmals ein Direktmandat im Kreis Aachen zu gewinnen, aber nun müsse er halt mal eine Pause vom Wahlkampf machen und nach Hause. Boris Becker und Wimbledon. Ich lächelte.

Wir Deutschen waren damals verrückt nach Tennis. Wir lernten, dass Tiebreak keine Teepause ist und Slice keine neue Eissorte. Björn

Borg und John McEnroe hatten die Nation mit ihren Duellen aufgeweckt und für das Turnier in Wimbledon begeistert. Seinerzeit redete man ehrfurchtsvoll vom Mekka des Tennissports. Leider konnten wir Deutschen nicht mithalten. Uli Pinner schaffte einige Achtungserfolge, mehr auch nicht. Wir vereinnahmten Borg und hassten McEnroe. Und dann kam BB über uns. Das Finale 1985 gegen Kevin Curren, den Mann mit den Bratpfannenschlägern. Die vielen Erfolge danach. Das Mitfiebern mit dem Rotschopf.

Plötzlich lernten wir jeden einzelnen im Clan von Boris Becker kennen, als sei er ein Familienmitglied. Den braven Trainer Günther Bosch. Den unheimlichen Ion Tiriac. Seine Eltern Elvira und Karl-Heinz. Sogar der Name der ersten Freundin fällt mir spontan ein. Karen Schulz aus Hamburg. Man erkennt schon: Von Boris Becker ging etwas Magisches aus.

Ich verachte Menschen, ja, auch Berufskollegen, die ihn heute grundlos durch den Kakao ziehen und umso hemmungsloser formulieren, je weniger sie ihn kennen. Ich, immer als Fan, verzeihe ihm Fehltritte bedingungslos. Sein Liebes-Chaos. Seine unglücklichen TV-Auftritte. Finanzielle Achterbahnfahrten. Für mich wird er immer der Boris Becker bleiben, den ich im Fernseher liebte.

Der Boris Becker, für den ich nachts aufstand, um seine Schlacht von Hartford zu erleben: die sechs Stunden und 21 Minuten beim Sieg gegen John McEnroe. Sein Spirit bei Siegen im Davis-Cup. Das Hin und Her in der Beziehung mit dem zweiten Tennishelden Michael Stich. Seine Flucht aus dem Stadion von Melbourne, als er Weltranglistenerster wurde.

Damals im Auto war ich mir mit Achim Großmann, bis 2005 Bundestagsabgeordneter und Parlamentarischer Staatssekretär, sofort einig: Boris Becker ist der Größte. Über Fußball sprachen wir übrigens keinen Moment lang. Auch das klingt heute irgendwie merkwürdig. Tennis war in Deutschland zeitweise Sportthema Nummer eins. Manchmal vermisse ich diese Zeit.

So sehr ich Fußball liebe, so bedauerlich ist es, dass die Vielfalt des deutschen Sports verlorengegangen ist. Nicht wegen der Journalisten. Sondern wegen der Quote. Wir können es im Zeitalter des Internets sofort messen. Allein der süffisante Text über Joachim Löws Griff in diese Hose (Fußball-EM 2016) lockte mehr Leser als unsere gesamte Olympiaberichterstattung in zwei Wochen.

Was macht diese Erkenntnis mit dem Sportjournalismus? Und mit den Sportreportern? Soll man dem Leserbedürfnis nachgehen und andere wichtige Sportarten stiefmütterlich behandeln? Oder ganz bewusst Themen setzen, denen aber offenbar die Leserschaft fehlt? Man ahnt schon: Wo Ressourcen knapp werden, besteht ein Hang zum Pragmatismus.

Hier liegt die Wurzel zur Skandalisierung: Nebensächlichkeiten wie der Griff in die Hose rücken in den Mittelpunkt, wenn die Reichweite steigt. Das war schon immer so und fand bei der Bild-Zeitung seinen Resonanzboden. Heute tauchen die Phänomene überall im Internet auf. Nicht nur bei den Trollen. Auch bei Qualitätsmedien. Typen wie Boris Becker nähren diese Wucherung.

Wenn ich heute seinen Namen höre, werde ich wie in einer Zeitmaschine in die 80er Jahre versetzt. In meine Jugend. Wie ein roter Faden zieht sich BB durch mein Leben, als eine ewig junge Soap-Opera. Wie die Lindenstraße in der ARD. Wenn ein solcher Mensch aber immer Teil deines Lebens war, frage ich mich: Wie geht man journalistisch mit ihm um?

Sportjournalist wird man vornehmlich, weil man vorher den Sport und seine Protagonisten liebt. Bei Becker: den Hechtsprung im Finale gegen Ivan Lendl. Seine Nächte im Davis-Cup. Und dann lernt man ihn als Reporter ein bisschen kennen, sieht ihn in neuem Kontext. Bei der Laureus-Gala in Monte Carlo. Bei einem Kamingespräch am Gendarmenplatz in Berlin.

Die Sympathie steigt. Man tappt als Reporter unweigerlich in eine Falle: Verhindert die Nähe, mögliches Fehlverhalten im Kontext zu erkennen und damit korrekt beurteilen zu können? Und verführt Nähe sogar zum Wohlwollen und damit zur Falschinformation? Die konkrete Gefahr ist wohl bei niemandem größer als bei Boris Becker.

Man kann nicht anders handeln, als eine innere Distanz zu den Sportlern zu wahren, ihr Handeln immer fair, aber auch kritisch zu sehen. Im selben See, aber nicht im selben Boot: Diese Rolle einzunehmen, ist mir nicht immer gelungen.

Lehrstunde bei einem Weltstar

Tischtennis mit Timo Boll

Als ich vor wenigen Jahren meinen alten Wiener Freund, einen bekannten Fernsehmann, in dessen Ferienhaus auf dem Land besuchte, wartete im Schuppen eine kleine Überraschung auf mich. Eine nagelneue Tischtennisplatte. 20 Jahre hatte ich nicht mehr gespielt.

Und ich wusste nur: Meine Rückhand war nicht schlecht, die Vorhand praktisch nicht vorhanden, mein Ehrgeiz ungebrochen. Ich fegte die Gäste des Hauses reihenweise aus dem Schuppen. Einen einzigen Satz gab ich übers Wochenende ab. Und nur, weil ich noch nicht eingespielt war.

Ich kostete meinen Triumph unangemessen aus. Dummerweise weckte ich damit den Ehrgeiz meines Wiener Freundes. Im Jahr darauf wollte ich ihn überrumpeln und legte mir einen Semiprofischläger zu, um meine Defensivkunst mit noch mehr Schnitt in den Bällen zu verfeinern.

Leider bekam ich zu spät mit, dass sich mein Freund Trainingsstunden in der Tischtennis-Akademie gegönnt hatte. Seine Revanche endete in meinem Desaster: Nicht einen Satzgewinn konnte ich an jenem Sommerwochenende verbuchen.

Mein Nimbus der Unbesiegbarkeit war dahin, meine Laune am Tiefpunkt. Wer mich auch nur ein bisschen kennt, ahnt schon, was kam. Ich suchte nach einer Konterchance. In meiner Wohnung: kein Platz für eine Tischtennisplatte. Unterricht in Hamburg: nur unterklassiges Personal.

Meine Retourkutsche wurde erst möglich, als ich nach Düsseldorf zog. Dort beheimatet: Borussia Düsseldorf, das Bayern München des Tischtennis. Der Lewandowski heißt dort Timo Boll. Ich brauchte Nachhilfe bei ihm.

An einem Samstag war es endlich so weit. Timo Boll war gerade aus Rio zurückgekehrt. Mit Bronze und ein paar Originalbällen im Gepäck. Ich ließ die Verbindungen spielen und fuhr – mit der Terminbestätigung – ins Deutsche Tischtennis-Zentrum.

Nun, ich komme ja eher vom Fußball. Also fragte ich meine Kollegin Melanie Meyer, eine ausgewiesene Tischtennis-Expertin in unserer Redaktion bei Funke Sport in Essen, ob sie mich zum Termin begleiten und mitspielen wolle.

Ein verhängnisvoller Fehler. Sie sagte Ja. Pünktlich waren wir in der Halle. Timo Boll kam, lächelte freundlich, keine Spur von Jetlag. Das Interview dauerte eine gute Stunde. Dann ging es in die Trainingshalle. Mal sehen, was er so drauf hat, dachte ich. Er war ja am Nacken verletzt.

Melanie Meyer ging zuerst zu ihm an den Tisch. Und es dauerte so ungefähr vier Ballwechsel, dass ich dachte: Wieso kommst immer du in so bescheuerte Situationen? Die zwei schlugen sich mit der Vorhand gekonnt und rücksichtslos schnell die Bälle um die Ohren.

Für einen Moment fasste ich den Gedanken, heimlich die Halle zu verlassen. Es stellte sich nämlich heraus, dass Melanie Meyer mal in der Verbandsliga gespielt hat. Timo Boll lobte sie: „Du hast Talent." Was sollte der Weltstar von mir denken, wenn ich anschließend im Vergleich Pingpong spiele? Wie kann ich den Schaden begrenzen? Tja, ich machte mich nützlich. Ich sammelte die Bälle ein. Befeuerte die beiden, dass sie möglichst lange spielen, damit die Zeit verstrich. Überlegte, ob ich nicht eine Verletzung vortäuschen könnte. Leider ist Timo Boll so nett, dass er jedes Zeitgefühl für seinen nächsten Termin missachtete und irgendwann zu mir sagte: „Jetzt sind Sie dran."

Timo Boll drückte mir seinen Original-Schläger in die Hand, mit dem er in Rio im Halbfinale gegen den Japaner Jun Mizutani verloren hatte. Wer noch nie einen Profischläger in der Hand hatte, sollte Folgendes wissen: Im Tischtennis sind das Waffen.

In der Hand eines Amateurspielers fliegen die Bälle mit diesen Schlägern nicht mehr übers Netz – die Bälle schießen. Bei mir: übers Ziel hinaus. Das Ergebnis: Timo Boll ist ziemlich gut beim Fangen zu lang geratener Returns. Irgendwann schaltete er ebenfalls auf Pingpong um.

Jetzt kam meine Rückhand zum Einsatz. Er schlug die Bälle in mein linkes Feld, so dass ich mit einiger Konzentration und heftigen Schweißausbrüchen die Bälle erstens erwischte und zweitens zielsicher auf seine Tischseite brachte. Ja, im hohen Bogen – aber immerhin.

Timo Boll sagte wohlwollend: „Sie haben einen gewissen Touch." Das Kompliment ist ähnlich vergiftet wie die Bemerkung nach dem ersten Date: „Du bist nett." Ich setzte meinen Tunnelblick auf und täuschte Ernsthaftigkeit bei meinem Tun vor.

Ich nenne es: offensive Schadensbegrenzung. Timo Boll nennt es wohl: ganz nett. Jedenfalls passierte etwas, das ich nicht für möglich hielt. Eine meiner endlos hohen Bogenlampen fand exakt diese eine Kante, gegen die jeder noch so große Weltklassespieler wehrlos ist.

Der Ball sprang von der Kante ins Nirgendwo, unerreichbar für die Krake mit dem Deutschland-Adler auf der Brust. Ich riss die Arme hoch, setzte zur Ehrenrunde an, als mir noch rechtzeitig die Peinlichkeit des Augenblicks bewusst wurde und ich die Chance zum Abgang erkannte.

„Wunderbar so!", sagte ich zu Timo Boll, „besser kann es nicht mehr werden. Hören wir auf!" Er lächelte gnädig. Hätte er zum Weitermachen animiert, hätte ich Monty Python bemühen müssen und geantwortet: „Okay, sagen wir: Unentschieden!" Wir gaben uns die Hand.

Natürlich wird man als Sportreporter niemals auch nur annähernd das Level eines Leistungssportlers erreichen. Dennoch ist der Schlagabtausch mit einem Spitzenathleten dringend aus zwei unterschiedlichen Gründen zu empfehlen.

Erstens: Man lernt Demut vor dem Sportler. Wenn man wie ich ständig mit den Protagonisten des Fußballs abhängt, rutscht man zwangsläufig in den Sog dieser millionenschweren Branche. Alle anderen Sportarten, siehe Einschaltquoten im Fernsehen, wirken klein.

Zweitens: Die Lehrstunde bei einem Weltstar weckt das Verständnis für Sportarten und verbreitet das Sportwissen. Plötzlich können Vorgänge beim Fußball eingeordnet werden: Beispielsweise, dass die deutschen Trainer jahrelang rückständige Trainingsmethoden angewandt haben.

Fürstenfamilie statt Cantona

Mein kurioses TV-Interview mit Prinz Albert von Monaco

Vor einiger Zeit räumte ich einen Schrank auf, in dem ich fast alles verstaue, was keinen festen Platz in meiner Wohnung hat. Nutzlose Münzen, verstaubte Schneekugeln und alte Fotos. Ein Foto zeigt mich in fürstlicher Umgebung: bei einem Interview mit Prinz Albert von Monaco, dem Helden der Klatschpresse. Wie kam es dazu?

Eigentlich war ich in Monaco, um den großen Eric Cantona zu interviewen. So war es jedenfalls mit den Organisatoren einer neuen Sportart ausgemacht: Ich, inzwischen Chefreporter bei Sport-Bild, berichte vom Beach-Soccer-Turnier an der Côte d'Azur und darf bei dieser Gelegenheit den einstigen Starspieler von Manchester United interviewen, der an diesem Spaßturnier teilnahm.

Cantona war damals wie heute eine imposante Erscheinung. Der Ibrahimovic seiner Zeit. Der Weltverein Manchester United hörte auf ihn. Sogar, als er einen pöbelnden Fan mit einem Kung-Fu-Tritt außer Gefecht setzen wollte. Die BVB-Fans kannten ihn aus dem Halbfinale der Champions League 1997.

Es war Cantonas Schuss, den Jürgen Kohler mit einer sensationellen Grätsche von der Torlinie kratzte. Wäre der Ball reingegangen: Borussia Dortmund hätte das Finale vor 20 Jahren in München vermutlich nicht erreicht und damit den Europapokal nicht gewonnen. Cantona ärgert sich noch heute über seinen Fehlschuss.

Dieser Cantona spielte also Beach Soccer in Monte Carlo. Beach Soccer sollte der neue Trendsport werden: Alternde Ballvirtuosen aus den Fußballnationen quälten sich barfuß durch den aufgeschütteten Sand am Hafen, um sich ein nettes Preisgeld zu verdienen. Aus Deutschland am Start: unter anderem Michael Rummenigge. Aus Frankreich: eben jener Eric Cantona.

Ihn wollte ich interviewen. Mein Chefredakteur zeigte wenig Verständnis für meinen Ausflug. Beach Soccer: für ihn irrelevant. Die Wahrheit: war es auch. Aber ich wollte die Gelegenheit nutzen, einmal Monaco kennenzulernen. Man hörte ja so viel davon. Formel 1, wilde Partys, die Fürstenfamilie. Also überzeugte ich meinen Chef mit der Aussicht auf das Cantona-Interview.

Grummelnd bewilligte Max Pietsch die Dienstreise. Er wollte mich ja bei Laune halten. Dummerweise hatte Eric Cantona vor Ort keine Lust auf Interviews. Ich vergesse niemals seinen Blick, als ich am Abend des Empfangs einfach seine Hand kräftig schüttelte und unverblümt meinen Gesprächswunsch vortrug.

„No, no, Monsieur!", sollte zum geflügelten Wort werden, wann immer ich Cantona in den nächsten zwei Tagen begegnete. Er wollte nicht. Beim Soccer durch den Sand hüpfen – kein Problem. Aber 30 Minuten reden? Nicht mit ihm. Ich war ein bisschen verzweifelt und stand unter Druck. Es gab ja so viel zu besprechen.

Zum Beispiel die Umstände der Kohler-Grätsche. Der Weltmeister von 1990 war der Held von Manchester gewesen, im Tempel der Träume, wie das Stadion damals schon hieß, nachdem er seinerzeit verspätet aus Dortmund angereist war. „Wegen Erkältung", hieß es offiziell von Vereinsseite. Aber das stimmte nicht, wie ich zeitnah aus der Mannschaft erfuhr.

Jürgen Kohler war bei seiner schwangeren Frau geblieben, es gab Komplikationen. Die Umstände sollten geheim bleiben. Er fiel aus allen Wolken, als ich am Tag nach dem Triumph von Manchester anrief und mit dem Ergebnis meiner Recherche konfrontierte. „Das darfst du nicht schreiben", bat er. „Denk bitte an meine Frau."

In einem solchen Moment ist man als Journalist hin- und hergerissen. Einerseits möchte man seinen Lesern den Hintergrund erzählen, warum Kohlers Leistung gegen Cantona noch großartiger als ohnehin schon war. Andererseits geht es hier um einen unbeteiligten Menschen im Krankenhaus; es gibt halt private Dinge, die im Leben wichtiger sind als die schnelle Story.

Ich holte mir das Einverständnis meines Chefredakteurs, dann war die Sache sofort geregelt: Wir schreiben natürlich kein Wort darüber. Was heute wie eine Selbstverständlichkeit klingt, war damals eine wichtige Lektion für mich, den jungen Reporter. Es gibt Grenzen in unserem Beruf. Kohler sagte hinterher: „Das vergesse ich dir nie."

Zwei Tage später rief er mich an. Er wolle mir sagen, dass ich die Geschichte mit seiner Frau doch schreiben dürfe. Eine Sonntagszeitung habe ihn angerufen, weil sie ebenfalls davon erfahren habe; er habe diese Kollegen aber nicht zur Zurückhaltung bewegen können, keine Chance. Jetzt war ich beeindruckt: Kohler war komplett fair.

Und ich tat, was ich nicht anders tun konnte: Ich sagte ihm zu, trotzdem kein Wort darüber zu schreiben – die Gegenargumente, siehe oben, verboten es mir ja immer noch. Kohler dankte schweigend.

In Monaco wollte ich hören, was Eric Cantona zu Kohlers Grätsche und den Folgen zu sagen hatte. Ganz ehrlich: Über „Bonjour" und einem inzwischen freundlichen Necken inklusive Schulterklopfen für meine berüchtigte Beharrlichkeit kam ich nicht hinaus. Nicht beim Frühstück, wo ich ihn traf. Nicht in der Lobby und nicht beim Abendessen mit dem gesamten Teilnehmerfeld.

Längst machte sich Eric Cantona einen Spaß daraus, mir ein „No" zu sagen, noch bevor ich die Stimme erhob. Den Druck gab ich an den Veranstalter weiter: Man habe mich ja mit großen Versprechen nach Monaco gelockt, und jetzt – nix passiert. Zu solchen Vorwürfen kann ich verdammt böse gucken.

Der junge Franzose, der das Turnier organisiert hatte, bekannte sich schuldig: Nie habe er mit der Bockigkeit von Eric Cantona gerechnet, aber was solle er tun? Ich lächelte müde und sagte: Ersatz beschaffen! Ja, gerne, meinte er: Wie wäre es mit Prinz Albert? Prinz Albert, der Sohn von Fürst Rainier und Grace Kelly, war schon damals eine Berühmtheit.

Ein Partykönig mit maximaler Bedeutung für die Yellow Press. Ja, und er war Sportfan. Sogar Olympiateilnehmer im Bob. Aber was sollte Prinz Albert in Sport-Bild? Ich stellte mir kurz das Gesicht meines Chefredakteurs vor, wenn ich ihm sagte: Entschuldigung, Herr Pietsch, das mit Eric Cantona hat übrigens nicht geklappt – aber ich habe ein Interview mit Prinz Albert ...

Nun schaute mich der junge Franzose fragend an und erwartete meine Antwort. „Klappt das denn auch?", fragte ich vorsichtig zurück und hoffte, dass sich diese merkwürdige Situation in Gelächter auflöst. „Natürlich!", antwortete er so schnell, als habe er nur auf ein Stichwort gewartet. „Er ist mein Cousin." Ich hielt das für einen Spruch und willigte spontan ein.

Auf dem Zimmer fand ich später eine Nachricht: Interview auf der Terrasse im Hotel Le Méridien Beach Plaza, vermutlich gegen drei. Bitte pünktlich sein. Schnell sprach sich im Hotel herum, dass ich offenbar den ersten und wohl einzigen Interviewtermin seit langer Zeit mit Prinz Albert hatte. Wildfremde Kamerateams bedrängten mich plötzlich.

Ob sie denn dabei sein dürften, wenn ich mit Seiner Hoheit spreche? Mich überforderte das alles. Hoheit – sagt man das zu einem Fürsten? Ich hatte genug mit einer anderen Herausforderung zu kämpfen: Was frage ich Prinz Albert überhaupt? Und für wen? Irgendwann willigte ich ein, dass der Privatsender ProSieben Kamera und Mikrofon aufstellen durfte.

Punkt drei kam Prinz Albert auf die Terrasse. Ich, eigentlich eher Rüpel als Snob, war bestens vorbereitet. Feiner Anzug, perfekter Krawattenknoten, ein ausgefeilter Fragenkatalog. Ich dachte: Wenn schon Yellow, dann richtig. Mein Hauptthema: der Unfalltod von Prinzessin Diana ein paar Wochen vorher. Alles auf Englisch. Zu Sport: keine einzige bedeutende Frage.

Gut eine halbe Stunde saß ich wohl mit ihm zusammen. Die Gesprächsatmosphäre war angenehm. Die Sonne strahlte besonders schön. Der künftige Fürst merkte nicht eine Sekunde, wie ich unter meinem Sakko schwitzte. Als der Termin endete, gönnte ich mir ein Bier und entschied: Eric Cantona kann mich mal.

Am Abend sah ich Prinz Albert tanzend in einer Diskothek. An mein Gesicht konnte er sich nicht mehr erinnern, das war nach einem Blickwechsel offensichtlich. Mir egal. ProSieben war begeistert von dem TV-Interview, es lief in den Klatschsendungen rauf und runter. Ein Honorar habe ich niemals erhalten.

Brauchte ich auch nicht. Ich war schon froh, dass mich mein Chefredakteur nie mehr auf Eric Cantona und Beach Soccer angesprochen hat.

Bei Erdoğan zu Hause

Darf man mit dem türkischen Staatspräsidenten
Fußball spielen?

Motorräder kurven um die Ecke und kündigen eine Wagenkolonne an,
wie man es nur aus Hollywood-Filmen kennt. Ein Dutzend gepanzerter
Fahrzeuge in Schwarz, hintereinander mit Blinklicht und energischem
Tempo, dreht auf dem Innenhof des Palastes eine Runde. Der Kiesel
knirscht unter den Reifen. Sicherheitsleute springen mit gezückter Waffe
aus den Wagen.

Mittendrin in der Kolonne: der schwere Mercedes mit dem türkischen
Staatspräsidenten Recep Tayyip Erdoğan. Er sitzt auf der Rückbank hin-
ten rechts und telefoniert noch. Mit Handy am Ohr schaut er reserviert
nach draußen und entdeckt mich in der Gruppe seiner Landsleute. Glücklich sieht er nicht aus. Er ist nur meinetwegen hier. Ja, richtig gelesen: nur
meinetwegen.

Ich stehe am Eingang des Mabeyn Koskü im Yildiz Palast in Istanbul,
in den Händen ein Bundesliga-Fußball von Derbystar, den ich in Essen
gekauft habe, und bin umringt von Regierungsbeamten, Beratern und
Sicherheitsleuten, von Mitarbeitern der Pressestelle und der Botschaft in
Berlin, von Dolmetschern und Fotografen. 20 Leute sind es bestimmt.

Mir wird, als ich so da stehe, mulmig. Ich, seit Jahren im Geschäft, bin
vom Aufgebot der Eskorte tief beeindruckt. Vermutlich soll ich das auch
sein. Immer wieder murmele ich eine türkische Begrüßungsformel vor
mich hin, damit ich keine Silbe verliere, wenn mein Gesprächspartner aus
dem Auto steigt. „Merhaba başkan." Hallo, Präsident. Ein Possessivpro-
nomen verbiete ich mir.

Den Samstagabend des 22. September 2018 werde ich niemals vergessen. Die Bilder, die an diesem Tag entstanden, gehen mir nicht mehr aus
dem Kopf. Dieser ganze Aufwand? Ich wollte doch nur ein Interview mit
dem Präsidenten. Einen Plausch über Fußball. Daraus wurde, ich übertreibe nicht, eine Art Staatsempfang.

Präsident Erdoğan war's wert: Er wollte, kein Witz, unbedingt mit mir, diesem Sportjournalisten aus dem Ruhrgebiet, über Fußball reden. Ich hatte ihm meine Bitte erst zwei Wochen zuvor vortragen lassen. Am Anfang war's, ich gebe es zu, nur eine verrückte Idee. Den ganzen Sommer über haben wir Deutschen über Mesut Özil und das Foto mit Präsident Erdoğan gestritten.

Die Fragen, die Fans und Journalisten gleichermaßen beschäftigten: Darf ein Fußballspieler, auch wenn er türkischstämmig ist, ein Foto mit einem Mann veröffentlichen, der Journalisten ins Gefängnis sperrt und Menschenrechte, wie wir sie in Westeuropa definieren, halbherzig bis gar nicht respektiert? Darf so ein Fußballer für Deutschland spielen?

Mesut Özil wich uns Journalisten aus und beantwortete keine Interviewfragen. Seine dreiteilige Rücktrittserklärung in englischer Sprache warf nach der WM weitere Fragen auf. Von Rassismus an der DFB-Spitze war die Rede. Wir forderten eine bessere Begründung für seinen Abgang aus der deutschen Nationalmannschaft. Er aber lehnte alle Gespräche mit Journalisten ab.

Daraus entstand diese verrückte Idee: Dann frage ich halt die andere Seite. Dann frage ich Erdoğan, den türkischen Präsidenten. Wie der Zufall es wollte, hatte mich die Konrad-Adenauer-Stiftung im Spätsommer zu einem Workshop an den Comer See in Norditalien eingeladen. Die Verbindung ging auf Bülend Ürük zurück, den Chefredakteur des Branchendienstes Kress.

Bülend Ürük wollte bei diesem Workshop nicht nur über das deutsch-türkische Verhältnis diskutieren lassen, sondern auch die Medienlandschaft in beiden Kulturen thematisieren. Bitte an mich: In der einstigen Sommerresidenz von Konrad Adenauer sollte ich Can Öz, den Verleger des Sportmagazins „Socrates", auf der Bühne befragen. Ich sagte sofort zu.

Als ich an jenem Donnerstagabend Anfang September an der Villa am Comer See eintraf, empfing mich gleich ein doppeltes Sorry. Es fehlte nicht nur Bülend Ürük wegen eines kurzfristigen Klinikaufenthalts. Auch Can Öz hatte abgesagt. Aus geschäftlichen Gründen, wie es hieß. Also saß ich am Comer See plötzlich ohne aktive Rolle.

Um mich herum Medienleute aus Deutschland, zum Beispiel Michael Bröcker, Chefredakteur der Rheinischen Post in Düsseldorf, und Stephan

Scherzer, Geschäftsführer beim Verband der Zeitschriften in Berlin. Und dazu die Vertreter aus der Türkei: Medienunternehmer sowie Berater und Beauftragte der türkischen Regierung unter Präsident Erdoğan.

Ich ließ mir die Aussicht auf ein entspanntes Wochenende nicht verderben und hörte aufmerksam zu, wie beide Seiten ein unterschiedliches Verständnis von Pressefreiheit und Menschenrechten äußerten. Gleichwohl spürte ich bei allen Wortbeiträgen der türkischen Vertreter, dass der Wunsch auf Verständnis ausgeprägt war.

Man wollte auf die deutschen Vertreter zugehen, bevor Präsident Erdoğan vier Wochen später zum Staatsempfang in Deutschland fliegt. Immer wieder wurden Details genannt, die falsch dargestellt würden, Zusammenhänge aufgezeigt, die man als Deutscher nur bedingt verstehen könne. Es wurde mühsam.

Als Sportjournalist konnte ich nur spärlich zur politischen Diskussion beitragen und trug halt die Befindlichkeiten vor, die die deutschen Fans in der Causa Özil massenhaft geäußert hatten: Dass die bewusste oder ungewollte Wahlkampfhilfe mit dem Erdoğan-Foto Gefühle verletze und es offenbar grundsätzliche Probleme bei der Integrationspolitik gebe.

Man brachte mir, als es dunkel wurde und wir bei gutem Wein auf der Terrasse des Adenauer-Hauses Argumente tauschten, nur bedingt Verständnis entgegen. Der Präsident genieße eben den Sonderstatus bei den türkischstämmigen Deutschen. Und er sei außerdem Fußballfan. Warum also kein Treffen mit Mesut Özil und Ilkay Gündogan? Ich wirkte wohl ratlos.

Die Beziehungen zwischen Deutschland und der Türkei, sagte ich, würden genau am 27. September eine weitere Belastung erfahren: Dann würde der europäische Fußballverband UEFA entscheiden, welches von beiden Ländern die Europameisterschaft 2024 austragen dürfe; es gab nur die zwei Kandidaten.

Ich sah meine Chance und fragte provozierend in die Runde: Wenn es Präsident Erdoğan so sehr um Fußball geht und er kritische Fragen zu Özil nicht scheut – warum dann kein Interview mit mir zum Thema Fußball? Özil, Gündogan, EM-Bewerbung: Man habe genügend Stoff, um einen Meinungsaustausch in Form eines Interviews zu terminieren.

Zu meiner Verwunderung stieß die Idee in der Runde nicht auf komplette Ablehnung. Man verwies mich an Zeynep Bilgin, eine junge zierliche Frau mit Kopftuch, die sich am Comer See stets im Hintergrund hielt, aber von allen Anwesenden den besten Draht in den Präsidentenpalast pflegt. Ihr sollte ich meinen Wunsch doch vortragen.

Zu diesem Zeitpunkt hielt ich meine Idee noch immer für verrückt. Mein Freund Armin Wolf, bekannter Fernsehjournalist in Österreich, hatte wenige Wochen zuvor den russischen Präsidenten Wladimir Putin interviewt. Ich war darauf ein bisschen neidisch, weil ich selbst mit meinen Interview-Anfragen vor der Fußball-WM 2018 in Russland gescheitert war.

Ich hielt das Erdoğan-Interview für einen gleichwertigen Ersatz und setzte mich beim Abendessen zu Zeynep Bilgin an den Tisch und warb für mein Anliegen. Zu meiner Überraschung hielt sie die Idee keinesfalls für verrückt, sondern erwärmte sich dafür. Ich konnte im ersten Moment nicht einschätzen, ob sie ihr Wohlwollen aus Höflichkeit oder tatsächlich aus Überzeugung ausdrückte.

Sie versprach mir, schon am nächsten Morgen eine E-Mail an die zuständigen Stellen im Präsidialamt zu schicken und am Montag, wenn die Büros geöffnet sind, nachzuhaken. Ich wollte ihr jedes Wort glauben. Was ich nicht ahnen konnte: Dass mein Treffen mit Präsident Erdoğan noch kuriose Hürden bereithielt.

In den zwei Tagen vor dem Treffen, das schließlich am Abend des 22. September stattfand, hatte ich einen tollkühnen Hindernislauf zu absolvieren, den man erstens nicht planen und zweitens nicht vermeiden kann. Aber ist die Unvorhersehbarkeit nicht genau das, was unseren Sportjournalismus so spannend macht? Ich nahm die Herausforderung an. Oder überdrehte ich etwas?

Jedenfalls bekam ich am Mittwoch vor dem Wochenende, an dem das Treffen in der Türkei stattfinden sollte, einen Anruf aus Berlin. Kollege Jörg Quoos teilte mir mit, dass in der Hauptstadt die News rumginge, der türkische Präsident wolle mir ein Interview geben. Ich konnte das kaum glauben. Offiziell hatte mir das niemand gesagt.

Ich selbst war immer wieder vertröstet worden, meine Bitte durchlaufe in Ankara einen komplizierten Prozess. Der Präsident plane seine USA-Reise, um vor der UNO zu sprechen, und reise von New York direkt zu seinem Amtskollegen Frank-Walter Steinmeier und zur Kanzlerin nach Berlin. Darum sei die Zeit sehr knapp.

Ich wiederum verwies auf den 27. September: Ein Erdoğan-Interview im Sportteil sei nur sinnvoll, wenn es vor der EM-Vergabe erscheine. Man versprach mir immer wieder eine Rückmeldung. Der Anruf erfolgte am Donnerstagmorgen. Zwei Tage vor dem Treffen. Refik Sogukoglu von der türkischen Botschaft in Berlin kündigte mir an, das Interview mit Präsident Erdoğan finde statt. Freitag oder Samstag, das könne man nicht so genau sagen; Sonntag jedenfalls nicht, dann fliege Erdoğan in die USA. Und wo solle das Interview geführt werden? In Ankara, auf jeden Fall in Ankara. Sofort machte es Klick bei mir: Dann müsste ich umgehend den Flug in die Türkei antreten, um den Termin rechtzeitig wahrnehmen zu können. Besser wäre es wohl, sagte Sogukoglu.

Umgehend warf ich alle Pläne fürs Wochenende über den Haufen. Das Schalke-Spiel am Samstagabend gegen die Bayern: geschenkt. Ich eilte zu Oliver Multhaup, Kollege bei Funke Foto Service und ehemaliger dpa-Fotograf. Von ihm wusste ich, dass er das diplomatische Parkett kennt. Er zögerte keine Sekunde und flog am Freitag um 7.30 Uhr mit.

Nur vier Leute in der Redaktion kannten unser Vorhaben. Wir wollten uns die Blamage ersparen, falls der Termin doch ausfällt. Erst im Flieger Richtung Türkei fiel mir auf: Schriftlich hatte ich überhaupt nichts in der Hand. Keine Einladung. Keine Terminbestätigung. Nicht mal eine aussagekräftige E-Mail. Ach ja, ein Hotel in Ankara übrigens auch nicht.

Vor Ort organisierten wir das Nötigste, um jederzeit mit dem Taxi zum Palast aufbrechen zu können. Wir kamen im Sheraton unter, wo wir im 22. Stock einen herrlichen Blick auf Ankara genossen und beim Sonnenuntergang unsere Zweifel ignorierten. Eine Uhrzeit gab es immer noch nicht. Nur das Versprechen, man arbeite daran. Die USA-Reise gehe halt vor.

Das verstand ich natürlich. Bevor wir uns gegen 21 Uhr entschieden hatten, ein Abendessen in einem Restaurant in Hotelnähe einzunehmen, erreichte mich der Anruf aus der türkischen Botschaft. Das Interview sollte am nächsten Tag um 16 Uhr stattfinden. Das freute uns sehr: Wir konnten in aller Ruhe den Abend gestalten.

Als die Vorspeisen aufgetischt wurden, Joghurt in allen Variationen, folgte der zweite Anruf: Man bedaure das Missverständnis – aber das Interview finde übrigens nicht in Ankara, sondern in Istanbul statt. Der

Präsident sei schon dorthin geflogen. Wir saßen da und bekamen den Mund nicht mehr zu.

Ankara liegt über eine Flugstunde von Istanbul entfernt. Hotel, Flug, Taxifahrt – alles für die Katz'. Erneut warfen wir unsere Pläne um. Per Handy den Rückflug nach Istanbul gebucht, 90 Euro pro Nase, ein paar Stunden Schlaf, um fünf Uhr in der Früh zurück an den Bosporus. Ach ja, ein Hotel in Istanbul hatten wir auch noch nicht.

Man hatte mir gesagt, dass wir eine gute Stunde vor dem Treffen im Yıldız-Palast ankommen sollten. Dann habe man ausreichend Zeit für Sicherheitsmaßnahmen. Als wir die Absperrung im Stadtteil Beşiktaş erreichten, kannte man unsere Namen und brachte uns in ein Gebäude im Palast, ins Mabeyn Kosku. Die Sicherheitsüberprüfung: nicht aufwändiger als an jedem Flughafen.

Ich erinnerte meine Kontaktleute am Telefon daran, dass wir zur verabredeten Zeit da seien. Die Antwort: Das sei schön – in gut zwei Stunden käme man ebenfalls an. Zeit ist offenbar ein dehnbarer Begriff in der Türkei. Im Aufenthaltsraum sahen wir im Fernsehen, wie Präsident Erdoğan einen Flughafen feierlich eröffnete; seine Ankunft würde dauern.

Am Ende warteten wir dreieinhalb Stunden. Aber was machte das schon, wenn man am Morgen noch aus Ankara nach Istanbul gehetzt ist. Dann der Moment, als Präsident Erdoğan eintraf. Zuerst der Hubschrauber über unseren Dächern, der ihn von seiner Eröffnungsfeier in den Palast brachte. Dann die Wagenkolonne. Und ich mit dem Bundesliga-Ball.

„Kommen Sie nach draußen, um den Präsidenten zu begrüßen", hatte man mich gebeten. Ich antwortete: „Sie wissen schon, dass ich nicht der Hausherr bin, oder?" Ironie hilft manchmal über Nervosität hinweg. Hätte ich den stoischen Blick geahnt, der mich begrüßte: Wer weiß, ob ich nach draußen gegangen wäre. Es geschah aber etwas Ungeheuerliches.

Erdoğan sah den Ball, als er aus der Limousine ausstieg, hörte meine freundlichen Begrüßungsworte auf Türkisch, und ein Lächeln blitzte auf. Ein aufrichtiges Lächeln. Er zeigte auf den Rasen, der den Innenhof schmückt. Noch immer hatte er kein einziges Wort gesprochen, seit er aus dem Mercedes gestiegen war.

Erst als wir nebeneinander auf dem Rasen standen, fragte er: „Sind Sie ein guter Torwart?" Ich bejahte: „Der Beste!" Natürlich. Wir gingen ein paar Meter auseinander, und ein Berater ließ mich halb im Scherz wissen, dass man Torschüsse des Präsidenten nicht verhindern sollte. Ich schmunzelte, hielt die ersten zwei und konnte beim dritten wirklich nichts machen.

Der Präsident lächelte zurück. Er sah glücklich aus und bat mich, Seite an Seite, ins Gebäude. „Werden Sie mit der Bundeskanzlerin über Fußball sprechen? Sie ist ein großer Fan", fragte ich, um nicht mundfaul zu wirken. Die Antwort: „Geplant ist das nicht. Aber wenn sie mich auf Mesut Özil und Ilkay Gündogan anspricht, werden wir über Fußball sprechen." Ich atmete auf.

Erdoğan spart das für mich interessanteste Thema unseres Interviews tatsächlich nicht aus. Natürlich war ich darauf vorbereitet, auch die heiklen Fragen zu stellen. Ein UEFA-Report zur EM-Bewerbung hatte mir die Vorlage gegeben: Die prekäre wirtschaftliche Situation in der Türkei und die Frage der Menschenrechte schmälerten die türkischen Chancen als EM-Gastgeber.

Dreißig Minuten dauerte mein Termin bei Erdoğan. Zum Abschied erwiderte er höflich mein Gastgeschenk und überreichte mir eine aufwändig verpackte Krawatte mit den Insignien seines Palastes. Ich dankte. Zugegeben, ein bisschen stolz waren wir schon, dass wir den Termin hinbekommen hatten. Kein anderer deutscher Journalist war in dieser Zeit bei ihm.

Oliver Multhaup und ich schlenderten aus dem Palast und suchten die nächste Kneipe auf. Wir gönnten uns ein Bier auf die ganze Aufregung. Was wir zu diesem Zeitpunkten weder wussten noch ahnten: Als Interview würde das Gespräch mit Präsident Erdoğan nie erscheinen. Aber das ist eine andere Geschichte.

Matthäus-Rauswurf in Belfast

Wie man früher seine Interviews führte

Raimund Hinko und ich saßen gemeinsam auf dem Hotelbett in Belfast. Das Hotel hieß Europa und erlangte Berühmtheit, weil es die meisten Bombenanschläge der nordirischen Terrororganisation überstanden hatte. Als wir am Nachmittag unseren Tee ausgetrunken hatten, fassten wir einen folgenschweren Plan. Es ging um Lothar Matthäus.

Sechs Jahre war es her, dass Lothar Matthäus die Nationalmannschaft zum WM-Sieg 1990 geführt und den Höhepunkt seiner Karriere erreicht hatte. Er war zum FC Bayern zurückgekehrt, lieferte sich Scharmützel mit Uli Hoeneß und veröffentlichte ein Enthüllungsbuch, das Privates und Interna aus seiner Mannschaft verriet.

Jetzt saßen wir also auf dem Hotelbett und fragten uns, wie es mit Matthäus weitergehen würde. Bundestrainer Berti Vogts bereitete in Belfast den Kader auf die EM 1996 in England vor. Sein Chef auf dem Platz war inzwischen Jürgen Klinsmann. Matthäus fehlte. Es gehörte nicht viel Fantasie dazu, um sich vorzustellen, dass ihm der Machtwechsel nicht behagte.

Unter Teamchef Franz Beckenbauer hatte sich Matthäus von einem Kettenhund, der Diego Maradona im WM-Finale 1986 in jede Ecke des Spielfelds verfolgte, zu einem Anführer gemausert. Berühmt ist die Geschichte, dass Beckenbauer seinem Spielführer verbot, die Koffer aus dem Mannschaftsbus zu entladen. Das mache ein Kapitän nicht.

Matthäus lernte solche Lektionen schneller als jeder andere Profi. Ich merkte das umgehend, als er 1992 aus Italien nach München zurückkehrte. Die Bayern hatten in der Ribbeck-Ära längst ihre Übermacht verloren. Aber die Spieler verstanden den Rückkehrer zuerst nicht als Verstärkung, sondern als Bedrohung. Matthäus stellte Ansprüche.

Ich erinnere mich, wie er Olaf Thon beiseite nahm, ihm taktische Zusammenhänge erklärte, und sich der Mitspieler, selbst Weltmeister, beim Einsteigen in den Mannschaftsbus scheinbar artig für die Belehrung bedankte. Matthäus mochte das. Er war Weltfußballer, Weltmeister, erfolgreicher Italien-Legionär. Niemand kam an ihn heran.

Für uns Reporter nahm er sich Tag und Nacht Zeit. Wann immer wir Fragen hatten: Lothar Matthäus stand zur Verfügung. Aus dieser an- und ausdauernden Bereitschaft, mit Journalisten zu sprechen, resultiert bis heute der ständige Vorwurf, er sei eine Quasselstrippe. Ich muss aus meiner Sicht energisch widersprechen: Wir Reporter haben ihn gefragt – und er hat geantwortet. Umgekehrt erwartete er Verständnis für seine Sichtweise. So kam es 1993, am Tag vor dem letzten Bundesliga-Spieltag, als es auf Schalke um die Deutsche Meisterschaft ging, zum Eklat mit Manager Uli Hoeneß. Und die kleine Begebenheit erklärt, wie es drei Jahre später zu jenem fatalen Telefonat von Belfast kommen konnte.

Die Bayern-Mannschaft flog mit einer Lufthansa-Maschine zum letzten Auswärtsspiel der Saison in den Westen. Die Journalisten waren wie immer mit an Bord. Keiner konnte uns daran hindern, mit den Spielern im Flugzeug persönlich in Kontakt zu treten. Nicht einmal Uli Hoeneß. Sein Dialog mit dem Bild-Kollegen Wolfgang Ruiner ist legendär.

Der Nationalspieler Thomas Helmer hatte sich den Spaß erlaubt, beim Check-In am Flughafen die Sitzordnung durcheinander zu bringen. Wolfgang Ruiner saß plötzlich ganz vorne im Flieger – mittendrin in der Mannschaft – und diskutierte, für jeden sichtbar, in den vorderen Sitzreihen leidenschaftlich mit Markus Schupp.

„Können Sie unsere Spieler nicht wenigstens im Flugzeug in Ruhe lassen!“, echauffierte sich Hoeneß. Ruiner entgegnete kühl: „Contenance, Herr Hoeneß! Herr Schupp ist ein erwachsener Mann. Er kann selbst entscheiden, mit wem er reden will.“ Hoeneß kochte. Und konnte nichts dagegen tun. Damals war das so.

Lothar Matthäus bekam die Szene mit und trieb die Sache auf die Spitze. Im Hotel warf er die Zimmerbelegung über den Haufen und sorgte an der Rezeption dafür, dass Ruiner nicht wie alle Journalisten im elften Stock des Sheraton-Hotels Essen unterkam, sondern im siebten – im Stockwerk des FC Bayern. Er bekam das Zimmer direkt neben Hoeneß.

Uli Hoeneß tickte fast aus, als er das bemerkte. Sofort schlug er Alarm im Hotel. Die Rezeption forderte Ruiner zum Zimmerwechsel auf. Doch der hatte Instruktionen erhalten. „Du gehst da nur raus, wenn du die Suite bekommst – wir haben hier Wetten laufen“, sagte ihm Matthäus. So geschah es: Ruiner bekam die besten Räume des Hauses.

Als sich die Wege von Ruiner und Hoeneß am Abend kreuzten, bedankte sich der Reporter aufrichtig beim Manager für die Suite, die er bekommen hatte. Beide lachten. So war das damals in der Bundesliga: Neckereien, wohin man schaute – und trotzdem am Ende ein entspanntes Miteinander. Es menschelte.

Irgendwann fragte ich Matthäus, als wir zusammenstanden, ob alles gut sei. Die Frage hatte einen Grund: Die Meisterschaft stand auf Messers Schneide, sogar ein Sieg auf Schalke reichte nicht unbedingt: Werder Bremen lag punktgleich an der Tabellenspitze und hatte ein minimal besseres Torverhältnis. Matthäus lud mich auf einen Kaffee in der Hotellobby ein. Ich betone: am Tag vor dem wichtigsten Spieltag der Saison.

Drei Stunden saßen wir da in den Sesseln. Und redeten und redeten. Fast jeder Satz drehte sich um Hoeneß. Matthäus vermisste die Anerkennung, die er sich anderswo erworben hatte. „Ich bin nicht mehr der kleine Fußballer von früher", diktierte er mir in den Notizblock. Hoeneß müsse das endlich begreifen.

Dreimal kreuzte Ruiner während des Gesprächs in der Lobby auf. Der Reporter von der Bild ahnte wohl, dass Matthäus mir, dem jungen Kollegen von der Abendzeitung, Wichtiges erzählte. Er wollte ihn mit drolligen Ausreden zu einem angeblichen Anruf weg lotsen. Matthäus durchschaute das Spiel und schickte ihn fort: „Lass uns bitte alleine!"

Er wollte mit mir sprechen und mit keinem anderen. Offenbar mochte er meine Gesprächsführung; er fühlte sich verstanden. Eine Autorisierung in der Pressestelle oder eine Rücksprache mit dem Klub – beides verlangte Matthäus nicht. Er wollte seinen Standpunkt vertreten, unabhängig vom Spielausgang auf Schalke.

Nach den drei Stunden war mein Notizblock voll und ich zufrieden. So konnten wir damals als Reporter prima arbeiten: immer eine Story extra zum Geschehen auf dem Rasen. Die Matthäus-Zitate verfehlten ihre Wirkung nicht, als sie am Montagmorgen, zwei Tage nach dem Schalke-Spiel, erschienen.

Bayern hatte die Meisterschaft mit einem 3:3-Unentschieden spektakulär im alten Parkstadion auf Schalke verspielt und den Frust noch am selben Abend im Lokal Käfer in München heruntergespült. Nichts vom

Gespräch hatte die Öffentlichkeit vorzeitig erreicht. Online-Journalismus gab es noch nicht. Dann kam der Montag.

Hoeneß war außer sich und Matthäus kämpferisch. Er wollte die Machtverhältnisse, seinen Status, bei Bayern klären. Er war ja, ohne Zweifel, der beste Profi. Nie wieder musste Matthäus hinterher seine Bedeutung beim FC Bayern betonen, sein Wort gewann an Gewicht, er sollte noch sieben Jahre bleiben.

Für mich war die Matthäus-Geschichte ein Durchbruch bei der Abendzeitung. Ich hatte Exklusives von einer Dienstreise mitgebracht. Bin ich benutzt worden? Vielleicht. Aber das war kein Problem, wenn ich dadurch eine gute Story bekam. Ich hätte ja das Interview ausschlagen können. Aber welchen Sinn hätte das gemacht?

Als Sportreporter, der über einen Verein regelmäßig berichtet, möchte ich möglichst nahe an die innere Wahrheit kommen. Matthäus hatte mir aus seiner Perspektive seine Wahrheit erzählt. Und ich sagte: Danke. Darum ging es damals: dass man einen Draht zu Spielern aufbaut, um Vertrauen zu schaffen, diese Wahrheit ans Tageslicht zu befördern.

Heute bauen Spielerberater eine Mauer um die Klienten, die nicht nur Schutz schaffen soll, sondern auch Kontrolle gewährleistet. Nicht mehr der Spieler entscheidet, mit wem er gut kann, sondern ein Agent. Ich weiß von einer großen deutschen Spielerberatung, dass dort ein Dossier über mich angelegt worden ist.

In diesem Dossier steht geschrieben, wann ich wo was in der Öffentlichkeit über jeden wichtigen Spieler der Agentur geschrieben oder im Fernsehen gesagt habe. Conclusio aus dem Dossier: Gottschalk bekommt vorläufig keine Interviews mehr mit einem unserer Spieler – er solle sich erst wieder bewähren. Man ahnt hoffentlich, was ich davon halte.

Matthäus war da anders. Einmal schrieb ich, keine Ahnung warum, einen etwas bösen Artikel über ihn. Etwas Persönliches zum 100. Länderspiel. Darin kamen Passagen vor, die sein Statusdenken thematisierten. Er rief mich noch am Tag seines Jubiläums in der Redaktion an, um am Telefon seine Enttäuschung zum Ausdruck zu bringen.

Er – und kein Berater. Er schimpfte, widerlegte mich, bat um eine Auszeit, um die Enttäuschung zu verdauen, grollte. Ich rechne ihm das bis heute an. Matthäus versteckt sich nicht. Nach ein paar Wochen hatten wir den Mist wieder vergessen und redeten wie zwei Erwachsene über das, was beim FC Bayern passierte. Ohne Berater.

Zurück nach Belfast. Bundestrainer Berti Vogts ließ 1996 durchblicken, dass er die EM-Mannschaft ohne Matthäus plant. Matthias Sammer hieß sein neuer Abwehrchef. Zu diesem Zeitpunkt hatte Matthäus, längst Rekordnationalspieler, 122 Länderspiele. Das Abschiedsspiel für Rudi Völler bestritt er gegen seine eigene Nationalmannschaft.

Inzwischen arbeitete ich bei Sport-Bild, wo Raimund Hinko eine Reporterlegende war. Er kannte die Bayern-Spieler wie kein zweiter Kollege. Wir waren uns einig: Matthäus kann mit der Situation nicht einverstanden sein. Nicht Matthäus. Also rufen wir ihn von Belfast aus mal an und fragen ihn. Ganz unverbindlich.

Nun, in den Neunzigern war so ein Telefon-Interview im Ausland nicht ganz so einfach. Heute drückt man am Mobiltelefon ein Knöpfchen, und jedes Wort wird aufgezeichnet. Damals stahl Raimund Hinko aus dem Konferenzzimmer in einem unteren Stockwerk den Telefonapparat, der einen Raumlautsprecher eingebaut hatte.

Unser Plan: Wir interviewen Matthäus mit Raumton und zeichnen das Gespräch mit unserem Diktiergerät etwas umständlich auf. Man muss man sich das so vorstellen: Hinko und ich auf einem Doppelbett in Belfast, zwischen uns das Telefon mit Raumton, und Tonbandkassetten dokumentierten, wie Matthäus sich um Kopf und Kragen redete.

Tage später sah ich Jürgen Klinsmann, den neuen Kapitän der Nationalmannschaft, in der Lobby des Mannschaftshotels sitzen, wie er am Computer eines Journalisten in den Nachrichtenagenturen die Zusammenfassung unseres Matthäus-Interviews Wort für Wort las. Jeder Satz war für Klinsmann ein Angriff auf seine Reputation.

Vermutlich wollte man aus dem Interview nur lesen, was man lesen wollte. Matthäus hatte lediglich den Verdacht geäußert, dass Klinsmann ihn nicht mehr in der Mannschaft wollte. Er deutete Intrigen an, die bis ins Privatleben reichten, unterstellte Egoismus. Klinsmann, inzwischen Mitspieler beim FC Bayern, musste sich angesprochen fühlen.

Was anschließend hinter den Kulissen geschah, kann man nur erahnen. Klinsmann jedenfalls fühlte sich brüskiert. Vogts erklärte, dass Matthäus die Rückkehr zum DFB jetzt für immer verwehrt bleibt. Sein Credo: „Der

Star ist die Mannschaft." So sollte die DFB-Karriere des Weltmeisters und Rekordnationalspielers ein vorläufiges Ende finden.

Schon 1992 hatte Matthäus bei der EM in Schweden wegen eines Achillessehnenrisses gefehlt. Nun verpasste er auch die EM 1996 in England. Matthäus hat uns wegen des Interviews niemals einen Vorwurf gemacht. Er steht, siehe oben, zu jedem Wort, das er einem Journalisten sagt. Auch wenn es heikel wird – oder es die Nationalelf-Karriere kostet.

Boykott bei der WM 1998

Zuerst Solidarität mit Freund – dann das WM-Aus

Der Anruf dauerte nicht lange. Die Botschaft war spitz formuliert und traf den Adressaten ungefähr so zielsicher wie früher Stiefelspitzen unliebsame Cowboys im Saloon. Die Botschaft von DFB-Sprecher Wolfgang Niersbach an uns Reporter: Ihr seid raus! Keine Interviews mehr! Boykott! Heute würde man wohl kontern: Fickt euch! Raimund Hinko und ich lachen heute darüber.

1998 war uns überhaupt nicht zum Lachen. Keine Gespräche mit Nationalspielern während einer Weltmeisterschaft? Wir verstanden die Welt nicht mehr. Offenbar hatten wir bei Sport-Bild den falschen Spieler zur Lachnummer erklärt. Oder die Solidarität unter Fußballprofis unterschätzt. Die Wahrheit ist: Wir hatten tatsächlich übertrieben. Es ging um Steffen Freund. Dazu später mehr.

Die WM 1998 fand für uns im südlichsten Winkel von Frankreich statt, oberhalb von Nizza an der Cote d'Azur, wo der DFB sein Quartier in einem abgelegenen Hotel nahe Saint-Paul-de-Vence bezogen hatte. Das Künstlerdorf prahlte mit seinen berühmtesten Einwohnern, die der Legende nach in jungen Jahren ihr Abendessen im Restaurant La Colombe d'Or mit Gemälden bezahlt hatten.

An den Wänden in diesem La Colombe d'Or hängen Originale weltberühmter Künstler, u. a. von Picasso und Chagall. Dennoch: Es blieben nicht viele Möglichkeiten zur Zerstreuung. Boule-Spielen auf dem Sandplatz am Dorfeingang. Souvenir- und Eisläden entlang touristischer Pfade. So war der DFB damals: Kunst und Kultur statt Campo Bahia und Playstation.

Nicht jeder Spieler hatte das Glück wie der begnadete Lothar Matthäus, der sein Comeback in der Nationalelf krönte: mit Gerüchten um eine Liaison mit der Tochter von Bayern-Doc Hans-Wilhelm Müller-Wohlfahrt. An Arbeit mangelte es uns nicht. Deutsche Hooligans traten damals den Polizisten Daniel Nivel fast tot, der DFB dachte über einen WM-Rücktritt nach. Aber sonst?

Vom Flughafen Nizza aus schwärmte der Europameister, der als Favorit angereist war, immer wieder zu seinen Rumpel-Auftritten aus. 2:0 gegen die USA. 2:2 gegen Jugoslawien. 2:0 gegen den Iran. 2:1 gegen Mexiko. Mehr erkämpft als erspielt. Mittelstürmer Oliver Bierhoff, zwei Jahre zuvor Held von Wembley, verlor sein Lachen zunehmend. Golden Goal? Zu lange her. Die Champions von einst kamen in die Jahre, nicht nur Matthäus. Jürgen Klinsmann und Thomas Häßler, Jürgen Kohler und Olaf Thon, Stefan Reuter und Andy Möller – ergänzt von Spielern, die mit Borussia Dortmund ein Jahr vorher die Champions League gewonnen hatten. Und mit Brachialen wie Jens Jeremies.

Das Abenteuer in Frankreich: stimmungsgeladen wie eine Kaffeefahrt. Bundestrainer Berti Vogts begegnete dem Müßiggang mit scheinbar strengem Regiment. Torwart Andreas Köpke wurde beim Familienausflug nach Monaco das Kind aus den Armen gezogen, als Vogts den verfrühten Zapfenstreich anordnete. Tränen flossen. Trotzdem: alle Mann in den Bus. Aber dalli-dalli.

Zu den Spielereien unter uns Journalisten gehören vor jeder WM zwei Wettbewerbe. Der eine: Wer zeigt zuerst das WM-Trikot? Der andere: Wo wird die Mannschaft ihr Quartier haben? Wir hatten ein gutes Näschen und rechtzeitig das Hotel Grande Bastide gebucht, fußläufig vom DFB-Hotel entfernt. Große Veranda, Swimmingpool und ein Blick hinunter ins Tal, wo das Mittelmeer beginnt.

Unter den Nationalspielern hatte sich das Refugium schnell herumgesprochen. Ständig bekamen wir Besuch in unserer Oase. Thon, Möller, sogar Klinsmann: Alle ließen sich interviewen und blieben noch gerne auf einen Kaffee. War ja sonst nichts los. Es hätte alles so friedlich bleiben können, wenn die erbärmliche Spielweise nicht gewesen wäre. Die Vorstufe des Rumpelfußballs.

Irgendwann schauten wir uns den Kader etwas genauer an und stießen auf Nationalspieler, deren Daseinsberechtigung uns schleierhaft vorkam. Zum Beispiel: Steffen Freund. Ich kannte und schätzte ihn aus Dortmund. Er war ein Ex-Schalker, der mit dem BVB-Aufschwung unter Ottmar Hitzfeld in den Kreis der Nationalspieler gespült wurde.

Sein größter Vorteil: Aufräumen im Mittelfeld. Löcher stopfen. Kämpfen, bis der Arzt kommt. Der perfekte Katsche Schwarzenbeck, wenn Matthias Sammer als Libero beckenbauermäßig zum Offensivlauf ansetzte. Dummerweise fehlte Sammer verletzt in Frankreich. Und Jeremies hatte eine größere Lobby beim Bundestrainer. Also saß Freund draußen. Was macht dann so einer?

Naja, beste Laune verbreiten. Leuchtende Miene zum dunklen Spiel. Wir tauften Steffen Freund in unserem Blatt am Mittwoch: „Gute-Laune-August". Und zählten genüsslich auf, was ihn dazu befähigte. Ganz ehrlich: Heute schäme ich mich für die Story. Aber die Stimmung war 1998 so: Schimpfen auf die Nationalmannschaft gehörte zum erwarteten Ton. Der Spielstil schrie danach.

Zugegeben, nur in Teilen ist die Stimmungslage mit der WM-Vorbereitung von 2018 zu vergleichen. Aber auch Ilkay Gündogan und Mesut Özil bekamen in jenen Wochen eine mediale Wucht ab, die allein mit ihrem Erdoğan-Foto in London nicht zu begründen ist. Türkischstämmige in Deutschland: Da rutschen Debatten schnell ins Persönliche und Private.

Die öffentliche Solidarbekundung von Mitspielern blieb aus. Fußballspieler sind heute noch mehr als früher eine Ich-AG, die tatsächlich wie ein Unternehmen gelenkt wird: von einem Spielerberater als CEO und mit eigener PR-Abteilung auf Instagram. Der Spieler ist das Produkt und muss sich neben den anderen Produkten durchsetzen. Solidarität kann geschäftsschädigend wirken.

Ebenso ein Interview. Ein falscher Satz, eine missverständliche Andeutung, eine Verknappung von Gedankengängen: Schon bricht eine Welle der Empörung über den Spieler herein, die in den sozialen Netzwerken eskaliert. Den Medientag schwänzte Özil deswegen gleich ganz.

Man muss sich das so vorstellen: Beim Pressesprecher des DFB werden die Anfragen für Gesprächspartner gesammelt, und dann holt der Pressesprecher beim erwünschten Spieler Erkundigungen zu dessen Gesprächsbereitschaft ein. Thomas Müller sagte sofort Nein. Leon Goretzka nach einigem Zögern Ja. Er stand bei uns im Wort.

Und darum geht es meistens: einen letzten Funken von Verbindlichkeit aus dem Spieler zu kitzeln. Für uns Journalisten ein ständiger Kampf um die Existenzberechtigung. Goretzka hatte seinen Wechsel von Schalke zu Bayern nur unzureichend erklärt. Nun sollte er das im Rahmen eines Länderspiels nachholen. Längst geht es nicht mehr um das Gespräch an sich. Sondern um die Außenwirkung.

Vier Parteien lasen, korrigierten und genehmigten die Abschrift eines Gesprächs, das unser Funke-Chefreporter Daniel Berg mit dem Spieler geführt hatte: Goretzka und sein Berater Jörg Neubauer, die Pressestellen vom DFB und von Schalke 04. Man muss sagen: Geändert wurde nicht viel. Aber der Vorgang verrät eine Menge über das Selbstverständnis beim Umgang mit der Presse.

Vor der WM gab der DFB allen Ernstes den Hinweis, ein separater Gesprächstermin mit dem Dortmunder Marco Reus sei nicht dringend notwendig: Journalisten könnten sich ja beim Interview bedienen, das der verbandseigene TV-Sender mit Reus geführt habe. So hätten sie's am liebsten beim DFB: dass Journalisten keine Fragen mehr stellen und die Stimmung nicht trüben.

Bundestrainer Joachim Löw ließ bei der Bekanntgabe seines WM-Kaders keine Rückfragen zu. Dabei hätte es dazu durchaus Anlass gegeben: Die Engländer lachten über die Ausbootung von Leroy Sané, dem begnadeten Linksaußen von Manchester City. Der DFB aber hielt sich daran: keine Fragen. Zumindest: nicht zu diesem Zeitpunkt. Pressefreiheit? Bitte nicht jetzt.

Dann doch lieber die Ehrlichkeit eines Presseboykotts wie 1998. Offenes Visier: ein Signal oder eine Auseinandersetzung, dass man eine Grenze im Einzelfall überschritten sieht. Ein Protest wie bei Steffen Freund, der durchaus seine Berechtigung hatte, wie ich später erfuhr. Mit unseren Angriffen hatten wir den falschen Spieler herausgepickt.

Die Nationalspieler ließen sich das damals nicht gefallen. Solidarität mit Freund: Kontaktsperre zu Sport-Bild. Wir saßen im Hotel und schauten doof aus der Wäsche. Das Viertelfinale gegen Kroatien stand an. Wir waren uns einig: Die können uns mal! Auf nach Lyon! Das Ende ist bekannt. Blamage mit 0:3 – Deutschland war raus. Was ich beim Abpfiff dachte, bleibt mein Geheimnis.

Jahre später traf ich Steffen Freund wieder. Wir lagen uns in den Armen. Echte Freunde kann niemand trennen: In unseren Karrieren haben wir zu viel erlebt, als dass ein schwacher Moment alles kaputtmachen könnte. Wir mögen uns. Und lachen heute gemeinsam. Aber auch das sei gesagt: Gesprochen haben wir über die Story von damals nie mehr.

Im Osten was Neues

Beim Halleschen FC Teil der Mannschaft

Wir Reporter verzweifelten hinter der Glasscheibe im Streitsov Stadion von Moskau und verstanden kein Wort. Da konnten die uniformierten Herren ihre Anweisungen noch so eindringlich schreien – my nichego ne ponimat. Wir nichts verstehen. Lustig war unsere Lage nicht. Ein einziges Telefon stand uns im Pressebereich zur Verfügung. Eine einzige Leitung, um alle Informationen vom Europapokalspiel Torpedo Moskau gegen Hallescher FC Richtung Westen durchzugeben. Im Oktober 1991 gab es keine Handys und kein Internet.

Damals arbeitete ich beim Mitteldeutschen Express in Halle/Saale, einer Boulevardzeitung aus dem Hause DuMont. Für mich, den Jungen aus Aachen, öffnete sich im Osten die große weite Welt. Ich volontierte nicht nur: Die Sportredaktion schickte mich auf meine erste Auslandsreise.

Anrüchige Fachbegriffe gingen Sportjournalisten seinerzeit locker von den Lippen. „Negern" durfte man, „Türken" nicht. Negern hieß: Der Redakteur daheim im Büro bekam vom Reporter im Stadion nur Informationen und ein paar Zitate und schrieb den Text im Namen des Kollegen zusammen.

Ein Geschäft auf Gegenseitigkeit. Der Reporter im Stadion konnte sich darauf verlassen, dass der Text in Ordnung war – sein Name stand ja drüber. Der Redakteur im Innendienst durfte sicher sein: Die Zeitungsseite geht pünktlich in die Druckerei – er schrieb passend auf Zeile.

Dazu brauchte er alle Informationen aus dem Stadion. Damals hat das Fernsehen noch nicht jede Spielminute im Europokal live übertragen. Und selbst wenn: Über den Halleschen FC wussten Dieter Strosack von Bild, Olaf Schilling vom Kicker und ich vom Express eh besser Bescheid.

Nutzte nur nichts. Wir kamen nicht durch: Das einzige Telefon lieferte kein Freizeichen. Jede Beschwerde prallte an den uniformierten Herren um uns herum ab. Sicherlich wollten sie helfen und uns ein Telefongespräch ermöglichen. Es gelang halt nicht. Die Verständigung begann mit Sprachbarrieren und endete in Wutausbrüchen.

Heute sind im Pressebereich Datenleitungen gelegt, die jedem Reporter das Senden von Texten und Momentaufnahmen für Social Media per Mausklick erlauben. Instagram, Twitter und Facebook: alles kein Problem. Digitale Kommunikation gehört beim Fußball heutzutage zum Geschäftsmodell der Bundesliga-Klubs.

Nur wenn jedes Dribbling und jeder Torschuss in die Wohnzimmer gelangen, Reporter mit ihren Beschreibungen auf allen Kanälen zum Ruhm des Sports beitragen, so das Kalkül, wächst das Business Jahr für Jahr. Heute haben Reporter im Stadion ein eigenes W-LAN am Arbeitsplatz. Damals mussten wir Reporter jede Notiz Wort für Wort durchtelefonieren. Nicht immer ging das gut. Ich erinnere mich an Erzählungen von Kollegen, dass eine nicht so fußball-affine Kollegin den Namen Beckenbauer buchstabiert haben wollte. Vermutlich nur eine Übertreibung.

Doch es stimmt schon: Ein klitzekleiner Übermittlungsfehler, ein falscher Torschütze, eine ungelenke Beschreibung – und das Unheil nahm seinen Lauf. Dann stand der Fehler in der Zeitung. Der Redakteur konnte bei der Story ja nicht nachbessern. Wie gesagt: Türken war verboten. Meistens jedenfalls.

Schon früh lernte ich als Reporter, dass ein gutes Verhältnis zu Spielern und Trainern förderlich sein kann. Vertrauen ist die gemeinsame Basis. Vielleicht habe ich in Halle ein wenig überzogen. Die Nähe zum Profisport machte halt Spaß. Zur eigenen Fußballkarriere reichte das Talent nicht.

Deutschland war seit fünf Tagen wiedervereint, als ich an einem späten Montagnachmittag in einem älteren Golf-Diesel in Halle ankam. Ich hatte keine Wohnung, kannte keinen Menschen und atmete plötzlich Luft aus Kohle statt Eifelfrische. Halle an der Saale: Das war pure Chemieregion.

Mit meinen 22 Jahren war ich nicht der einzige Jüngling aus dem Westen, den der Verlag DuMont in den Osten lockte. Das Abenteuer verführte uns alle: Ich schlug das Angebot zur Ausbildung bei den Aachener Nachrichten aus, um die Deutsche Einheit mit eigenen Augen zu erfahren.

Ein solcher Ortswechsel passiert nicht zufällig. Beim FC 13 Roetgen spielte ich als Torwart in der Bezirksliga und fragte den ältesten Mitspieler Werner Stoffels, ob er nicht einen Kontakt zu seiner Schwester Irmgard … sie war Redakteurin beim Express in Köln. Ich lernte: Vitamin B hilft.

Irmgard Stoffels vermittelte mich in den Osten, wo der Express kurz nach der Maueröffnung eine Zweigstelle bei der Mitteldeutschen Zeitung aufgemacht hatte. Ich musste, man verzeihe mir, auf der Karte erstmal nachschauen, wo dieses Halle überhaupt lag. Aha, direkt neben Leipzig. Was mich empfing, war der helle Wahnsinn. Wir Wessis fühlten uns wie Cowboys. Wo unsere Kollegen aus dem Osten um ihre Existenz bangten, standen wir breitbeinig im Türrahmen und erklärten die Welt. Auch ich. In dieser Zeit muss der Begriff „Angeber-Wessi" entstanden sein.

Einmal verpasste unsere Sportredaktion die Verpflichtung des Fußballprofis Andreas Babendererde beim HFC. Sportchef Rainer Päutz rief am Mittag beim Geschäftsführer Peter Thiele an, um ihm unmissverständlich klarzumachen: Das dürfe nie, nie, nie wieder passieren. Nie wieder. „Wir hauen sonst solange drauf, bis Blut spritzt!", schrie er ins Telefon und wiederholte den zweiten Teil des Satzes, damit ja kein Zweifel an seiner Ernsthaftigkeit entstehen konnte: „Bis Blut spritzt!" Peter Thiele erzählte mir von diesem Telefongespräch hinterher mit zittriger Stimme.

Manager des Vereins war seinerzeit Bernd Bransch. Sein Lächeln kennt jeder ältere Fußballfan im Westen von einem einzigen Foto: Wie er als DDR-Kapitän 1974 beim legendären WM-Spiel gegen die Bundesrepublik Deutschland den Wimpel mit Franz Beckenbauer tauscht.

Jetzt hielt er den Laden zusammen, der früher mal Chemie Halle hieß, und kämpfte verbissen um das Geld einer Währung, die noch vor ein paar Monaten zwar begehrt, aber auch anrüchig war: um das Geld des ehemaligen Klassenfeinds. Die D-Mark. Die Westklubs köderten seine Spieler.

Die Jungs beim HFC hatten noch nicht viel von der Fußballwelt gesehen. Meister waren ohnehin fast immer die Mannschaften aus Berlin und Dresden geworden. Vorm Training mussten sie in Reih und Glied antreten. Trainer Bernd Donau rief: „Sport!" Und aus allen Kehlen schallte ihm entgegen: „Frei!" Nun, ich verfügte als einer, der gerade sein Abitur bestanden und die Bundeswehrzeit absolviert hatte, über wenig Vergleichsmöglichkeiten. Mir kam das alles, was ich fast täglich zweimal sah, durchaus logisch vor. Sportlich steuerte die Mannschaft erfolgreich durch die Saison 1990/91.

Im Jahr nach der Wiedervereinigung schaffte die Mannschaft als Tabellenvierter der letzten DDR-Oberligasaison zwei Qualifikationen: zum einen den Aufstieg in die 2. Liga, Staffel Süd – und zum anderen die Teilnahme am Europapokal. Euphorie machte sich breit. Und ich war Teil davon.

An der großen Einkaufsstraße in der Innenstadt lag das HFC-Casino:

eine gemütliche Kneipe, wo der Wirt Deftiges servierte. Schnitzel mit Pommes. Oder Rouladen. Ich kann es nicht anders sagen: Mit moderner Sportler-Ernährung hatte das wenig zu tun – aber es schmeckte.

Jeden Mittag saßen die HFC-Spieler dort zwischen zwei Trainingseinheiten und schlemmten fröhlich. Ich, der Reporter aus dem Westen, hockte jeden Tag mit am Tisch. Richtig gelesen: jeden Tag – mit am Tisch. Ich wusste wie kein zweiter, was zuvor in der Umkleidekabine passiert war.

An den Tischen im HFC-Casino saß, wie man im Fußball so sagt, keine Laufkundschaft, sondern noch unbekanntes Großkaliber des deutschen Fußballs. Der spätere Nationalspieler Dariusz Wosz. Der spätere Europapokalsieger Rene Tretschok. Gestandene Bundesliga-Profis halt.

Zum Beispiel Jörg Nowotny, später Bayer Leverkusen. Karsten Neitzel, SC Freiburg. Alexander Löbe, VfL Bochum. Dirk Wüllbier, Stuttgarter Kickers. Und ich mittendrin. Bei Schnitzel oder Rouladen. Journalismus ging dann so: Du Dariusz, heute brauche ich dich! Karsten, du morgen bitte!

Ich kann es nicht leugnen: Ich fühlte mich als Teil der Mannschaft. Zum Haareschneiden – ging ich zur Frau von Torwart Jens Adler. Geburtstagstorte für Bernd Donau im Trainerzimmer – ich mit Fotoapparat dabei. Einmal half ich beim Verladen der Kisten in den Mannschaftsbus.

Im Trainingslager in Harrarov bekam ich von Karsten Neitzel, der heute Trainer im Revier ist, einen Spezialauftrag: Sobald er unten im Mannschaftsraum sitze, sollte ich zwei Flaschen Weißwein aus der Hotelbar rauf auf sein Zimmer bringen. Er sagte noch: „Hier ist der Schlüssel."

Warum ich das alles erzähle: Fußball konnte so menschelnd und nahbar, einfach herrlich rückständig und gleichzeitig romantisch sein, dass ein 0:3 wie in Moskau zwar fürchterlich ärgerlich, aber eben keine Katastrophe war. Die Mannschaft hatte das 2:1 aus dem Hinspiel vergeigt – na und?

Damals, im Oktober 1991, als ich im letzten Augenblick noch das Freizeichen nach Deutschland erhaschte, telefonierte ich die frühen Gegentore und die späten Platzverweise zum Aus im Uefa-Pokal durch. Ich habe ein wenig getürkt und die Blamage als Betriebsunfall dargestellt.

Zumindest habe ich es so in Erinnerung. Als Dariusz Wosz im Winter vorzeitig nach Bochum wechselte, verspielte die Mannschaft den Klassenerhalt. Erst Jahre später kehrte der Hallesche FC, mein HFC, zurück in den Profifußball. Heute müssen auch dort alle Zitate autorisiert werden.

Hinterm Rücken des Boxweltmeisters

Nach dem WM-Triumph in der Umkleidekabine
mit Henry Maske

Der neue Boxweltmeister fackelte nicht lange. Als die Journalisten lärmend in seine Umkleidekabine drängten, trieb Henry Maske die Meute mit ausgebreiteten Armen wieder zur Tür hinaus. „Nur fünf Minuten Ruhe, bitte!", flehte er noch, der Gentleman.

Widerwillig gaben die Schreiber das eben erst gewonnene Terrain auf, die Tür fiel ins Schloss. Henry Maske verharrte kurz. Durchatmen. In diesem Moment stand ich hinter ihm, Rücken an Rücken, in der Umkleidekabine. Und wagte es nicht, mich umzudrehen.

Vorsichtig blickte ich links hinüber zur gegenüberliegenden Wand, wo das Sofa stand. Dort saßen: Burkhard Weber, damals Sportchef bei RTL, und Wilfried Sauerland, der Boxpromoter. Manfred Wolke, der Maske-Trainer, baute sich vor ihnen auf, den Lorbeerkranz in Händen.

Sofort redeten sie über den Kampf. Über den Punktsieg gegen den IBF-Titelträger Prince Charles Williams. Über die zwölf Runden hier in der Düsseldorfer Philipshalle. Über die neuen Chancen im Halbschwergewicht. Über ihre Zukunft im Profiboxen.

Henry Maske hatte an diesem 20. März 1993 Sportgeschichte geschrieben, das war hier allen klar. Jetzt würden die Millionen rollen. Ich riskierte einen Blick auf Henry Maskes Rücken: Er war zerkratzt von den Ringseilen, gerötet und verschwitzt. Mehr als einen Blick riskierte ich nicht.

Als Reporter der Münchner Abendzeitung hatte ich mich noch während des Kampfes heimlich in die Umkleidekabine geschlichen. Dem Sicherheitskerl vor der Tür gab ich mich als Eismann aus: als derjenige, der für Henry Maskes Fäuste das Eis in zwei Bottichen aufzubereiten hat.

Jetzt stand ich rücklings zum Weltmeister und stocherte mit einer Art Eispickel ungeschickt in den Behältern herum. Dem Champion dauerte der untaugliche Versuch zu lange. Er schob mich beiseite: „Lass mich das machen." Und zerhackte das Eis mit wuchtigen Stößen.

Ich notierte später: „Wasser!", ruft er, die Linke zur Kühlung im Eiswasser, „ich bin so groggy." Inzwischen war der Eishockey-Arzt Alois Teuber in die Kabine gekommen. Er untersuchte die klaffende Wunde an der linken Augenbraue, das Andenken aus Runde 2.

„Nicht nähen!", befahl Henry Maske, „kleb' das Ding irgendwie zu." Keine Chance – erst zwei Stiche stoppten das Blut. Weltmeister müssen hart im Nehmen sein. Im Boxen wird jeder Titelgewinn auch mit Blut und Schweiß bezahlt.

Ich selbst konnte mein Glück kaum fassen. Ich war, als einziger Reporter, live dabei und würde später alles beschreiben können. Niemand erkannte mich. Und das, obwohl ich bei Henry Maske schon im Wohnzimmer gesessen hatte. Adrenalin macht alle Spitzensportler blind.

Hände reichten immer wieder Glückwunschtelegramme herein. Auch aus dem Osten. „Nie was gehört von den Leuten", stammelte der Weltmeister. Aufbruchstimmung in der Umkleidekabine. Es wurde Zeit, vor die Presse zu treten. Die Journalisten warteten draußen vor der Tür.

„Wo ist meine Trainingshose?", fragte Henry Maske noch. Dann drängte er hinaus und ich mit ihm, direkt dahinter. Trainer Wolke warf den Lorbeerkranz gelangweilt in die Ecke. Von heute an sollte eine neue Zeitrechnung beginnen.

Und ich erinnere mich noch, wie wir hinausströmten vor die Phalanx von Reportern, ich im Schlepptau. Der berühmte Boxreporter Hartmut Scherzer fragte mich, als ich mit Henry Maske durch die Tür trat: „Wie hast du es geschafft, da reinzukommen?" Ein wenig stolz war ich schon.

Bei kleinen Zeitungen wie Express oder Abendzeitung lernst du als Sportreporter, dem scheinbar übermächtigen Rivalen Bild eins auszuwischen. Geld oder aufwändige Dienstreisen können sich diese Zeitungen heute wie damals nicht leisten.

Man musste kreativer sein und Fähigkeiten beweisen, die nichts kosten und doch wertvoll sind. Courage. Charme. Engagement. Es gibt ein Schwarzweißfoto, das zeigt, wie ich bei Henry Maske zu Hause auf dem Sofa sitze und ihn interviewe. Im Hintergrund: der Wohnzimmerschrank in Eiche.

Der Gesprächstermin in Frankfurt/Oder wurde nicht über Berater oder über eine Pressestelle vereinbart. Ich rief einfach den Fotografen Winfried

Mausolf an, der Henry Maske seit Jahren kannte und ablichtete, und wollte mit ihm gemeinsam eine Homestory machen.

„Komm einfach vorbei", sagte Mausolf damals, als Henry Maske noch nicht Weltmeister war und ich noch in Halle arbeitete. Wir fuhren hinüber zu einem Hochhaus, in dem Henry Maske mit seiner Frau lebte, und klingelten ganz einfach an der Haustür.

Der Fotograf hatte unser Kommen nicht angekündigt. Trotzdem ließ uns Henry Maske in den Fahrstuhl, wir flogen hoch in eines der obersten Stockwerke, und traten in die gute Stube ein. Winfried Mausolf erntete einen bösen Blick bei der Begrüßung.

„Du machst Sachen", sagte der Henry Maske dem Fotografen. Und dann bat er uns aufs Sofa und nahm sich eine Stunde Zeit. Er war konzentriert, freundlich, reflektierend. Als junger Reporter ist man leicht entflammbar: Ich gönnte ihm den Titel, den er anstrebte.

Dass ich zwei Jahre später beim Triumph so nah dabei sein sollte, unbemerkt von allen, die mich als Reporter hätten erkennen müssen, verschafft mir eine schöne Erinnerung an eine Zeit, als es im Sportjournalismus noch unkomplizierter zuging.

Auf einen „Expresso" mit Lorant

Wasserpistole entschied bei 1860 München ein Transfergeschäft

Irgendwoher hatte dieser Spielerberater eine Wasserpistole. Wir saßen im Speisesaal des Berghotels Brotjacklriegel in Zenting, einem Kaff in Niederbayern, wo 1860 München die Saison vorbereitete, als er die Wasserpistole aus der Jackentasche kramte und zunächst beiläufig auf den Tisch legte.

Vermutlich entschied diese Wasserpistole darüber, dass 1860 München den richtigen Stürmer verpflichtete und am Saisonende in die Bundesliga aufstieg. Nie ist ein Wort darüber geschrieben worden, was in diesem Raum passierte. Aber ich kann sagen: Ich war dabei.

Die Situation an sich war schon ungewöhnlich. Wenn 1860 München auf Reisen ging, durften die Lokalreporter immer und überall dabei sein. Tom Nuggis von Bild. Claudius Mayer von der TZ. Elisabeth Schlammerl vom Merkur. Und halt der junge Kerl von der Abendzeitung. Der letzte Name wechselte häufiger.

Die Abendzeitung in München sah ein weitreichendes Qualifizierungsprogramm vor. Wer über den großen FC Bayern München schreiben wollte, musste zuerst beim kleineren TSV 1860 München beweisen, dass er die Grundtugenden der Vereinsberichterstattung beherrscht.

Das hieß: bessere Geschichten als Tom Nuggis und Claudius Mayer ins Blatt bringen. Gleichzeitig: nicht den Verein, den Liebling der Stadt, madig machen. Und zu jener Zeit: keinen Krach mit Trainer Werner Lorant anfangen.

Ich hatte den Trainer ein Jahr zuvor in Lienz kennengelernt. Sechzig war überraschend aus der 2. Liga in die Bayernliga abgestiegen. Der neue Präsident Karl-Heinz Wildmoser holte Lorant als Heilsbringer zum Traditionsklub. In Lienz wurden die Grundlagen für den Wiederaufstieg gelegt.

Dazu muss man wissen: Lorant stand zu jener Zeit für alle Tugenden, die später auch Felix Magath zugeschrieben wurden. Zum Beispiel: Im

Training laufen lassen, bis der Brechreiz kommt. Am besten mit Medizinbällen unter den Armen. Er stand wie ein Feldwebel auf dem Platz.

Zwei Dutzend Spieler ließ er 1992 vorspielen, um daraus einen Kader für die dritte Liga zu ermitteln. Zwischendurch peitschte seine Stimme über den Platz. Mit Weicheiern konnte er nichts anfangen. Seine Methode hatte Erfolg. 1860 München kehrte in den Profifußball zurück.

Nun waren wir in Niederbayern. Lorant brauchte noch einen Stürmer für die 2. Liga. Zwei ließ er antanzen. Den Österreicher Peter Pacult. Und den früheren Pauli-Spieler Markus „Toni" Sailer, der mit der Empfehlung von 15 Toren in 32 Zweitliga-Spielen vorstellig wurde.

Die Ausgangslage für Lorants Entscheidung schien eigentlich richtungsweisend. Pacult war schon 34 Jahre alt und hatte nie in Deutschland gespielt. Toni Sailer dagegen verkörperte mit seinen 25 Jahren die Zukunft. Nach einem Jahr beim MSV Duisburg wollte er in der 2. Liga Zeichen setzen.

Mit maximaler Neugier verfolgte ich das Duell um den letzten Platz im Lorant-Kader. Für mich war das Erlebnis neu, dass ein Trainer so konkret über den weiteren Karriereverlauf eines Spielers entscheidet, im Guten wie im Schlechten. Lorant konnte keiner von beiden etwas vormachen.

Wenn ich heute etwas über zwei Spieler wissen möchte, liefert mir Google in Sekundenschnelle eine Biografie mit allen statistischen Werten, die ich zur Beurteilung der sportlichen Leistung wissen muss. Damals hatte ein Trainer nur seine Augen und die Einflüsterer.

Den Beruf des Spielerberaters, der im Hintergrund ein Unternehmen leitet, um per Knopfdruck Leistungswerte und Beispielvideos anzubieten, gab es nicht. Fußball funktionierte auf Vertrauensbasis. Lorant reichte nach einem Jahrzehnt Profifußball seine riesige Erfahrung.

Er sah, wie Pacult bei jedem einzelnen potenziellen Mitspieler seinen österreichischen Charme anwendete, er redete und redete und sammelte sogar bei den Auslaufrunden Punkte. Toni Sailer dagegen trat als Platzhirsch auf: als einer, dem alle danken sollten, dass er da ist. So wirkte es jedenfalls.

Wem von beiden würde die Mannschaft zutrauen, dass er das Ruder rumreißt, wenn es im ersten Jahr in der 2. Liga nicht optimal läuft? Lorant ließ uns an seinen Gedankengängen teilhaben. Ich lernte hier über die Trainerpsychologie bei Transfers fürs Berufsleben.

Natürlich spielten bei 1860 München finanzielle Rahmenbedingungen eine Rolle. Karl-Heinz Wildmoser, der später mit den Bayern die Allianz-Arena baute und von seinem eigenen Sohn hintergangen wurde, gab aber seinem Trainer freie Hand.

Dann kam jener Abend im Mannschaftshotel. Wir Reporter saßen am Tisch, die Kellner räumten das Geschirr beiseite, als das Bier kam. Lorant mochte das Feierabendbier mit uns Reportern. Er verlor deswegen auch mal den Führerschein. Aber das spielte im Umgang mit uns keine Rolle.

Er hat das sehr genossen, wie er mal sagte: „Wenn ich früher mit den Münchner Tageszeitungen im Trainingslager zusammensaß, dann konnte man auch mal Geheimnisse verraten, ohne dass sie sofort geschrieben wurden. Das ist im heutigen Zeitalter unvorstellbar."

Man durfte ihn auch anrufen und fragen: „Trainer, ich habe keine Geschichte. Haben Sie was für mich?" Dann lieferte er. Aber wehe, du hast seinen Status angekratzt. Dann konnte man seine Arbeit bei 1860 München einstellen.

In der Vereinsgaststatte Löwenstüberl trank er jeden Mittag seinen Espresso mit ausgewählten Journalisten und plauderte über Gott und die Welt. „Einen Expresso!" orderte er und betonte das X so bereitwillig deutlich, als ob er es nicht besser wüsste.

Ein junger Kollege nahm allen Mut zusammen und wies Lorant auf die falsche Ausdrucksweise hin: „Herr Lorant, das heißt: Espresso. Mit S!" Man hätte in diesem Augenblick im gesamten Lokal eine Stecknadel fallen hören. Alles erstarrte. Der junge Kollege wurde nie wieder am Trainingsplatz gesehen.

Als also alle Vorzeichen darauf hindeuteten, dass Toni Sailer den Zuschlag bekommt, wir alle in Niederbayern am Tisch die finale Entscheidung herbeisehnten, um daheim in München eine Schlagzeile anzukündigen, holte dessen Berater Gerd Welz abermals zu einem Loblied auf seinen Spieler aus.

Lorant stieg nur widerwillig auf die Diskussion mit dem Berater ein. Er kannte ihn gut, sicherlich, aber nicht so, dass er alle Argumente zu dessen Gunsten sortierte. Der Berater merkte das und wollte den Moment auflockern. Er zielte mit der Wasserpistole mitten in Lorants Gesicht.

Beim HFC in Halle hatte ich als Journalist quasi das Aufwärmprogramm absolviert. Jetzt folgte die Aufstiegsrunde bei den Münchner Löwen. Der Wasserstrahl traf Lorant voll. Er wischte sich das Wasser aus dem Gesicht, und ich weiß nicht mehr, ob er „Bist du bescheuert?" geschimpft hat.

Als Reporter einen Fußballverein durch die Saison zu begleiten, verlangt ein paar Zugeständnisse, die weder im Arbeitsrecht noch im Pressekodex bedingungslos verankert sind. Einerseits muss man Nähe aufbauen, um an die Quellen von Informationen zu gelangen, und das rund um die Uhr.

Andererseits darf man nicht vergessen, wer das Gehalt bezahlt: Reporter haben für ihren Arbeitgeber einen journalistischen Auftrag zu erfüllen und unabhängig zu bleiben. Die korrekte Schlagzeile zu diesem Abend im Mannschaftshotel hätte folglich heißen müssen: „Spielerberater schießt Löwen-Trainer Werner Lorant mit Wasserpistole ins Gesicht!"

Erschienen ist damals: nichts. Kein Wort. Keine Andeutung. Nichts. Ich selbst wusste in dem Augenblick nicht, ob ich lachen oder weinen sollte. Lachen, weil es ein Spaß war. Weinen, weil ich sofort wusste: Man darf darüber nichts schreiben. Keiner von uns.

Bei jedem Trainingslager in der Fremde gab es zu dieser Zeit eine Übereinkunft, dass man den Kollegen nicht ins offene Messer laufen lässt. Man stelle sich das nur vor: Zu Hause liest der Chef unglaubliche Nachrichten im Konkurrenzblatt – dann ist auf dem Boulevard die Hölle los.

Jeder Pakt im Trainingslager ist eine Versicherung unter Reportern. Wir verständigten uns darauf, dass eine Berichterstattung das süße Leben in der Nähe des Vereins abrupt beenden würde. Wir würden die nächste Zeit ausgesperrt werden.

Außerdem dämmerte uns, dass wir in der kommenden Saison häufiger mit dem Trainer als mit dem Berater zu tun hätten. Eine öffentliche Beschreibung der Demütigung, die er erfahren hat, würde uns Lorant nicht verzeihen. Wir schwiegen also.

Nicht immer geht ein Pakt gut. Ich erinnere mich an meinen Kollegen Christoph Leutrum, der in der Redaktion erfuhr, dass ein Spieler des FC St. Pauli im Trainingslager eine Palme angepinkelt hatte. Die Kollegen, die vor Ort waren, hielten den Vorfall aus den genannten Gründen geheim.

Leutrum daheim musste sich an keine Absprache halten. Als die Pinkel-Affäre in Sport-Bild erschien, mussten die Kollegen ihren Chefs erläutern, warum sie die Story verheimlicht hatten. Ich hatte in Niederbayern Glück. Nichts kam heraus.

Dem Berater half das Stillhalteabkommen jedoch wenig. Lorant entschied sich für Pacult. Der Österreicher sollte in den folgenden zwei Jahren zum Helden werden, als 1860 München den Durchmarsch in die erste Liga schaffte und die Löwen ihr Glück beim Bundesliga-Klassenerhalt kaum fassen konnten. Werner Lorant stieg mit ihm zum Gipfel auf.

Bestechungsversuch von Assauer

Die 10.000 D-Mark sollte Schalke 04 bezahlen

Die Stadt Herten hatte mitteilen lassen, dass dem vielleicht größten Sohn der Stadt die höchste Würdigung versagt bleibt. Rudi Assauer, einst Bundesliga-Spieler und Manager mit Relevanz, sollte nicht Ehrenbürger werden. Er – der ehemals größte Macho des deutschen Fußballs. Ein Kind der Bundesliga. Mir persönlich tut das sehr weh.

Vor nicht allzu langer wurde ich wieder an Rudi Assauer erinnert. Alfred Draxler, früher Sportchef der Bild und Chefredakteur von Sport-Bild, besuchte seinen inzwischen dementen Freund und schrieb darüber eine bewegende Story, wie aus dem Raubein ein Pflegefall geworden ist. Mich hat seine Geschichte sehr berührt.

Ich möchte nicht behaupten, dass ich Rudi Assauer gut kenne. Schon gar nicht so gut wie mein Bild-Kollege Alfred Draxler. Was ich aber sagen kann: Dass der Mann über die Grenzen des Ruhrgebiets hinaus höchste Anerkennung erfährt und zu seiner Zeit in der Bundesliga eine Persönlichkeit mit Charisma war.

Den FC Schalke 04 hat er geprägt wie kein zweiter Verantwortlicher im Nachkriegsdeutschland. Sein Wirken wurde verfilmt und der Film am 4. Mai 2018 vor einem großen Publikum in der Veltins-Arena in Gelsenkirchen uraufgeführt. Rudi Assauer war und ist eine Institution. Wie gesagt: nicht nur im Revier.

Darum hielt und halte ich die Herten-Entscheidung, entstanden aus dem Parteiengezänk unter einem parteilosen Bürgermeister, für kleinkariert und fast schon dumm. Was hat Herten schon Besseres zu bieten als einen, der als Unikum Schlagzeilen produzierte und heute als kranker Mann Anerkennung verdient?

Rudi Assauer hätte die Würdigung verdient. Ihm geht es nicht gut. Seine Demenz ist fortgeschritten. Vor einiger Zeit sah ich ihn zusammen mit zwei Begleitern in der Veltins-Arena. Mit geballter Kraft mussten sie ihn, den ich früher für seine Ausstrahlung und Souveränität bewundert habe, wie ein bockiges Kind in den Fahrstuhl pressen; er wollte nicht hinein und schrie fluchend wirre Sachen.

Jedem, der in diesem Augenblick eine Kamera auf ihn gerichtet hätte, wäre ich an den Kragen gegangen. Einen so traurigen Moment auf Schalke möchte man nicht als Hinterlassenschaft veröffentlicht wissen. Und das sage ich, ein Journalist. Aber die Grenze zwischen Informationsbedürfnis auf der einen und Anstand auf der anderen Seite ist nicht zu übersehen.

Mit Rudi Assauer war die Zusammenarbeit nicht immer einfach. Natürlich hatte er für die jungen Journalisten immer ein offenes Ohr. Er, beim FC Schalke ein Mann der klaren Worte, knüpfte zwei Bedingungen an einen Austausch: Er hatte immer das letzte Wort – und das Anrecht auf gemeinsames Bier. Mit beidem konnte ich nicht immer dienen.

Erst im Nachhinein erkenne ich seine Methode, wie er Lösungen auf pragmatische und nicht bequeme Art erzwang. Als seine Lebensgefährtin bei einer Abendveranstaltung seiner Ansicht nach „zu viel quasselte", sagte Assauer am Tisch nicht etwa: „Beate, bitte!", um sie zur Zurückhaltung zu bewegen. Sondern, vor allen Leuten: „Beate, halt die Klappe!"

Vielleicht hat er sogar „Schnauze" gesagt. Ist das jetzt verachtend – oder seine typisch direkte Ansprache? Für beide Sichtweisen gibt es Argumente. Mitte der 90er Jahre setzte ihm die ARD-Politsendung „Kontraste" aus Berlin zu. Es ging um Vorwürfe krummer Geschäfte, man wittere auf Schalke das große Geschäft, als der Bau der Arena in die entscheidende Planungsphase ging.

Zwei Jahrzehnte später kann ich die Gemengelage nicht mehr exakt rekonstruieren, jedenfalls lief nicht alles so, wie Assauer es wollte. Helmut Kremers wurde gegen seinen Willen Präsident des FC Schalke; es formierte sich Widerstand gegen ihn. Aus der ARD-Redaktion in Berlin häuften sich die Vorwürfe; Assauer konterte mit Richtigstellungen.

Auch ich recherchierte, logisch, und fand eine Spur nach Amsterdam, wo ein Informant Ungeheuerliches über Verstrickungen erzählte. Ich habe das niemals veröffentlicht: Ich bekam plötzlich einen Anruf von Rudi Assauer aufs Handy, und er fackelte nicht lange – noch am Telefon bot er mir 10.000 D-Mark in bar, wenn ich ihm den Namen dieses Informanten verraten würde.

Es gibt Zeugen für diese Form von – ja, will soll man es nennen: Honorar, Bestechung oder Angebot, das man nicht ablehnen kann? Für mich als Jungredakteur war das eine unfassbar hohe Summe Geld. Natürlich habe ich keine Sekunde gezögert und das unmoralische Angebot abgelehnt. Seit damals habe ich nie darüber gesprochen. Erst jetzt, da ich mich an die Zeit mit ihm erinnern möchte, sammle ich Informationen dazu.

Kürzlich wurde mir von jenem Zeugen, der beim Telefongespräch zugehört hat, glaubhaft versichert, dass Assauer sein Angebot ernstgemeint hat. Die Summe sollte aus der Vereinskasse des FC Schalke bezahlt werden. Seine Motivation: Er wollte Ruhe und den Informanten mundtot machen. Heute kann Peter Peters, Finanzvorstand des FC Schalke, darüber nur lachen.

Scherz oder nicht: Ein solcher Vorgang in heutiger Zeit hätte mich sofort hellhörig gemacht und umgehende, intensive Recherchen ausgelöst. Damals habe ich den Vorgang sofort abgehakt. Ich war ein junger Sportredakteur, vermutlich ein bisschen naiv, und wollte mich mit einem Geschäftsgebaren, das ich nicht einordnen konnte, nicht länger befassen.

Vergessen habe ich den Anruf von Assauer nie, und ich möchte ausdrücklich sagen: Der Anruf soll kein Hinweis auf ein Vergehen sein. Eher ein Beleg, wie Assauer den Dingen ungestüm auf den Grund gehen wollte. Er hat mich nach meiner Ablehnung niemals schlecht behandelt.

Ein paar Jahre später – 2003 – kam er sogar zum allerersten Sport-Bild-Award nach Hamburg, um den Preis für die beste Sport-Idee des Jahres entgegenzunehmen: für die Idee eines Biathlon-Wettbewerbs in der Veltins-Arena, mitten in seinem Ruhrgebiet.

Mit dem FC Schalke hat Rudi Assauer den Uefa-Cup (1997) und mehrfach den DFB-Pokal gewonnen. Die Meisterschaft blieb ihm immer verwehrt. Wie auch die Ehrenbürgerschaft von Herten. Beides verstehe ich bis heute nicht.

Da Sammer wieder

Wie die BVB-Legende zu Dortmund zurückkehrte

Der Tweet musste um 19.31 Uhr raus. Keine Minute früher. Keine Minute später. Nur dann hatte ich volle 29 Minuten Zeitvorsprung. Mehr war nicht drin. Die vier Wörter kurze Nachricht an die Internetgemeinde lautete: „Sammer zurück zum BVB". Gesendet am 30. März 2018.

29 Minuten lang durfte ich die Früchte monatelanger Arbeit ernten. Ernten bedeutet hier: 29 Minuten Aufmerksamkeit für eine Nachricht, die sonst in der digitalen Welt die Haltbarkeit von Sekunden hätte. Exklusiv bleibt nur, was keiner liest und keiner verlinkt. Verlinkt wird heute alles.

Die Uhrzeit entsprang keinem Zufall. Ich wusste: Um 19.30 Uhr geht die Mannschaft von Borussia Dortmund mitsamt Trainerstab und Kommunikationsdirektor Sascha Fligge zum Abendessen in ihrem Luxushotel in München. Die Türen schließen, und alle Handys müssen ausgeschaltet bleiben.

Niemand konnte also beim Pressechef des BVB fragen, was ich mit meinem Tweet meinte, oder eine Bestätigung einholen. Niemand sollte mir die Nachricht streitig machen. Bis um 20 Uhr. Dann war das Abendessen am Tag vorm Bayern-Spiel beendet. Und das Handy des Pressechefs an.

Ich saß an jenem Freitagabend zu Hause im Wohnzimmer mit meinem zehnjährigen Sohn. Alles war vorbereitet, als ich den Tweet sendete. Der Geschäftsführer des Vereins, Hans-Joachim „Aki" Watzke, hatte mir zwei Tage zuvor die Sammer-Nachricht in einem Interview bestätigt.

Die Passagen im Interview waren gegengelesen und freigegeben worden. Den Vorgang nennt man: autorisieren. Nicht immer gehen Autorisierungen glimpflich aus. Sind Textpassagen zu brisant oder polarisierend, kann es passieren, dass der Pressechef einige Sätze ändert oder streicht.

Zuletzt ist mir das bei Stefan Effenberg passiert. Zwei Stunden lang saß ich mit dem ehemaligen Spieler von Bayern München und gescheiterten Trainer des SC Paderborn im Flughafenhotel in Hamburg. Drei Tage später ließ er mir über seinen Berater Michael Meier mitteilen: Interview zurückgezogen. Alle Sätze.

Nicht so beim Interview mit Aki Watzke. Alle Aussagen zu Sammer: komplett erhalten. Offenbar wollte er die Botschaft unterbringen, dass die taumelnde Lizenzspieler-Abteilung mit Sammers Expertise rundumerneuert wird. Seit Monaten wusste ich, dass mit Sammer etwas läuft.

Ich erzähle die Episode aus der Rückrunde der Saison 2017/18 nicht ohne Grund ausführlicher. Gerne möchte ich darlegen, wie der Sportjournalismus heute in der digitalisierten Welt läuft – und wie er sich zu früher grundsätzlich verändert hat. Ich will nicht sagen: zum Besseren oder Schlechteren. Der Sportjournalismus heute ist nur: anders. Schneller. Rücksichtsloser. Breiter. Seit ich nach einer Kunstpause im Vorstand wieder im Sportjournalismus arbeite, seit 2016 also, schreibe ich Erinnerungen an meine Karriere auf. Erinnerungen an Begegnungen, Vorfälle und Erlebnisse.

Zunehmend wird mir bewusst, um wie viel persönlicher mein Beruf früher war. Professioneller? Ganz sicher nicht. Anders eben. Wenn ich 1994 das Training von Borussia Dortmund besuchte, konnte es passieren, dass ich der einzige Journalist im Stadion Rote Erde war. Der einzige!

Der Kollege von der Lokalzeitung kam auf dem Fahrrad vorbei und fragte kurzerhand den Trainer, ob was passiert sei. Wenn der Trainer verneinte, radelte der Kollege beglückt von dannen. Ich habe diese Szene nicht einmal erlebt, sondern dutzendfach. Das wäre heutzutage undenkbar.

Heute werden die Trainingszeiten auf der Website des Vereins veröffentlicht. Heerscharen von Journalisten fallen im Trainingszentrum ein. Was der Trainer anschließend in der Pressekonferenz äußert, ist dann Allgemeingut. Der Grad an Exklusivität: gleich Null. Denn alle sind dabei.

Die Vereine drängen darauf, in der Öffentlichkeit nicht die Kontrolle über ihr Selbstbild zu verlieren. Pressesprecher heißen inzwischen Kommunikationsdirektor: Sie unterhalten große Redaktionen, um eigene Inhalte über ihre Mannschaft zu veröffentlichen – in Print, Online und Internet-TV.

Unabhängige Reporter können Klubs in Bedrängnis bringen. Es geht nicht einmal um enthüllende Recherchen, die Unregelmäßigkeiten im Mannschaftsgefüge aufdecken könnten, sondern um Marketing. Journalisten sind eine schwer kalkulierbare Variable in der Außendarstellung.

Damals war das anders. 1994 wollten wir zum Beispiel eine Story über das manchmal symbiotische Verhältnis zwischen einem Fußballtrainer und seinem Kapitän machen. Spontan baten der Fotograf Heiner Köpcke und ich

Ottmar Hitzfeld und Michael Zorc um einen Fototermin nach dem Training. Das Ansinnen stellte kein Problem dar. Noch in derselben Stunde wurde die Gästekabine im Westfalenstadion zu einem Fotostudio umgebaut. Michael Zorc zog Trikot und Spielführerbinde über, Ottmar Hitzfeld lächelte etwas gequält. Daraus entstand eine Doppelseite in Sport-Bild. Heute dagegen: ein monatelanger Kampf für die Punktlandung um 19.31 Uhr an einem Freitag. Es war kein Zufall, dass ich die Nachricht exklusiv bekam. Ich hatte getan, was ich immer am besten konnte: Deals abschließen. Das Watzke-Interview hatte ein Jahr Vorlauf und begann in München.

Im Frühjahr ein Jahr zuvor hatte ich Matthias Sammer zum Mittagessen im Restaurant Brenner in der Maximilianstraße getroffen. Der Sportmanager Michael Mronz, bekannt vom CHIO in Aachen, hatte das Treffen arrangiert. Er wollte Sammer als Kolumnist in der WAZ unterbringen.

Ich kenne Sammer seit über zwei Jahrzehnten. Bei seinen großen Erfolgen als Spieler in Dortmund sah ich am Rasen live zu. Das verbindet. Als er später Sportvorstand beim FC Bayern wurde, verloren wir uns aus den Augen. Jetzt saßen wir uns wieder gegenüber. Vertraulich wie früher.

Er sprudelte nur so vor Ideen. Erwähnte ein TV-Projekt, über das er nicht ausführlich reden dürfe (es sollte sein Eurosport-Engagement sein). Rückte das Nachbeben über seine Erkrankung bei den Bayern zurecht. Plötzlich, als das Gespräch auf den BVB kam, wurde seine Miene finster.

Ich lernte eine neue Seite an Sammer kennen. Er, der immer alles erklären kann und Optimismus ausstrahlt, fand keine passenden Worte für sein verflachtes Verhältnis zu Borussia Dortmund. Er und Aki Watzke waren mal Brüder im Geiste. Und jetzt: Funkstille. Auf beiden Seiten.

Sammer war daran nicht unschuldig. Als Bayern-Vorstand hatte er durchaus offensiv die Arbeit in Dortmund attackiert, bevor sein neuer Klub scheinbar mühelos von Meisterschaft zu Meisterschaft eilte. Im Westen hatte man seine Belehrungen zur Trainingsarbeit als anmaßend empfunden.

Jetzt aber litt Sammer. Sinngemäß sagte er mir: Im Stadion hätten sie Bilder von fast allen BVB-Legenden an die Wände gemalt – eine Erinnerung an ihn fehle. Und dabei, bemerkte er mit Verweis auf den Meistertitel als Trainer 2002, sei er der erfolgreichste aller Borussen gewesen.

Ich verstand seine Enttäuschung. Mich hat eher überrascht, dass er die Anerkennung im alten Klub vermisste. Mitte der 90er Jahre hatte er in

Dortmund gespielt, zwei Meisterschaften und die Champions League 1997 gewonnen. Dann zwangen ihn Kniebeschwerden zum Karriere-Ende. Sammer ließ mich ratlos zurück. Irgendwie hatte er ja recht. Aber: Sollte ich mich da einmischen? Wie könnte ich journalistische Distanz wahren? Einerseits. Andererseits: Sammer und seine BVB-Vergangenheit waren ein schönes Thema. Ich wollte der Sache vorsichtig nachgehen.

Zweimal im Jahr treffe ich Hans-Joachim Watzke zu einem ausführlichen Hintergrundgespräch. Das Gespräch auf der Geschäftsstelle läuft nach einem eingespielten Ritual. Pro Forma fragt mich der Geschäftsführer, ob er Zigarillo rauchen darf. Er darf. Meistens werden es ein paar mehr. In diesem Qualm schnorre ich Coke Zero und bekomme Antworten auch zu ungewöhnlichen Fragen. Kaum nannte ich den Namen Sammer, wurde er grantig: Dass Sammer ja nun gar nichts dafür getan hätte, dass die Leute ihn lieben. Die alten Geschichten bei Bayern halt.

Wenige Monate danach gestand mir Hans-Joachim Watzke jedoch am Telefon, dass ihn meine Intervention nachdenklich gestimmt hatte. Und dass er, ganz im Vertrauen, Sammer angerufen hat. „Daran", sagte er mir im Sommer, „hast Du deinen Anteil. Das wird Dir Matthias bestätigen."

Natürlich witterte ich eine Story: „Borussia Dortmund – Versöhnung mit Sammer". Aki Watzke bat um Zurückhaltung. Ihm erschien das Thema verfrüht. Was macht man als Reporter in einem solchen Augenblick: Alles schreiben, was man weiß – oder warten? Ich wartete.

Immer wieder fasste ich beim Geschäftsführer von Borussia Dortmund nach. Was denn die Gespräche mit Sammer machten? Ob eine Sammer-Rückkehr, falls Trainer Peter Bosz strauchelt, möglich sei? Watzke mauerte. Mal sagte er: Wir sind im Gespräch. Mal wiegelte er ab: kein Kontakt.

Ich bin zu lange im Geschäft, als dass ich jedes Wort eines Bundesliga-Managers wörtlich nehme. Man muss zwischen den Zeilen hören können. Mein Instinkt verriet mir: Da läuft was. Ich ließ nicht locker und durchstöberte jedes Watzke-Interview, das irgendwo erschien, nach Andeutungen.

Anhaltspunkte gab es reichlich. Ein spontanes Treffen mit Sammer im Journalistenclub bei Axel Springer in Berlin. Eine zufällige Begegnung bei einem politischen Forum mit Österreichs Bundeskanzler Kurz. Fotos von einer herzlichen Begrüßung. Beim Verwischen von Spuren ist Aki Watzke ein Meister.

Niemand erkannte den Kontext. Ich schon. Später wird er über die Begegnungen sagen: Man habe bei gelegentlichen Gesprächen die alte Vertrauensbasis wiederhergestellt. Man könnte auch sagen: Aki Watzke definierte mit Matthias Sammer den Grad der Zusammenarbeit. Ich durchschaute das sofort.

Um den Jahreswechsel, als die Bild am Sonntag ein großes Watzke-Interview ankündigte, verzichtete ich meinerseits auf einen Gesprächstermin bei Zigarillo und Coke Zero. Die Zeit für mein eigenes Interview war noch nicht reif. Inzwischen hatte Trainer Peter Stöger das Team zurück auf Kurs gebracht. Ich pokerte.

Es vergingen ein paar Wochen, bis ich die Einladung zum Gespräch bekam. Es war so weit. Terminvereinbarung mit Aki Watzke. Themenabsprache mit Chefreporter Daniel Berg. Kurzes Zittern, weil die Tageszeitung „Welt" Watzke-Zitate zum FC Bayern wollte. Dann unser Interviewtermin beim BVB.

Die Aufstellung: der Geschäftsführer mit Zigarillo am Schreibtisch, Daniel Berg und ich davor, im Hintergrund Sascha Fligge. Aki Watzke lief zur Höchstform auf. Man spürte bei jedem Satz, als er die Sammer-Info erläuterte, dass er stolz auf seine prominente Verpflichtung war.

Danach begann der Wettlauf mit der Zeit. Längst war mir zu Ohren gekommen, dass die Nachricht mit Sammer ein Gesprächsthema auf der BVB-Geschäftsstelle am Rheinlanddamm geworden war. Ein Wort davon nach draußen – und das Interview hätte an Wert verloren.

Der Termin fand am Mittwochnachmittag statt. Noch am selben Abend tippte ich die Aufzeichnung Wort für Wort ab. Donnerstagmittag ging das Manuskript an den Kommunikationschef von Borussia Dortmund. Die Autorisierung erfolgte über Nacht. Freitagmorgen: alles geregelt.

Fehlte noch: das Publizieren. Unsere Redaktion im Europa Center in Essen heißt Funke Sport. Wir sind keiner Online- oder Zeitungsmarke direkt zugeordnet, sondern koordinieren unter anderem den überregionalen Sportteil für alle Sportredaktionen der Funke Mediengruppe in Deutschland.

Im Norden für das Hamburger Abendblatt. Im Osten für die Berliner Morgenpost und die Zeitungsgruppe in Thüringen. Dazu für unsere Titel in Braunschweig und Wolfsburg. Und natürlich für die WAZ und NRZ sowie Westfalenpost und Westfälische Rundschau in Nordrhein-Westfalen.

Die Sammer-News ist wie geschaffen für: Haste du schon gehört, dass …? Und wie gesagt: Ein Wort nach draußen – und die Inszenierung wäre zerstört gewesen. Ein Balance-Akt zwischen Transparenz und Absicherung. Ich entwarf ein Drehbuch, wie die Nachricht von der Sammer-Rückkehr verbreitet wird.

11 Uhr Ankündigung ans Netzwerk, dass eine große Personalie beim BVB bevorsteht. Ab 13 Uhr Layout-Maßnahmen, die unverfänglich sind. 17 Uhr Schlagzeile an die Verantwortlichen der Titelseiten, was da kommt. 18 Uhr: letzte Absprache mit Sascha Fligge. 19.31 Uhr: der Tweet.

Die vier Worte zeigten Wirkung. Bei mir stand das Telefon nicht mehr still. Von überall her kamen SMS. Kollegen aus anderen Redaktionen verlangten Präzisierung. Sport1 wollte eine Live-Schaltung ins laufende Fernsehprogramm. Twitter-Follower spekulierten über Sammers Rolle.

Ich schaute aufs Handy und dachte: „Was für eine verrückte Welt." Und spielte mit meinem Sohn weiter Fifa18 an der Playstation. Bayern München gegen Paris Saint-Germain (er gewann 4:1). Ich genoss meine 29 Minuten in vollen Zügen. Punkt acht veröffentlichten wir das Interview online.

„Matthias Sammer externer Berater – Sebastian Kehl Leiter der Lizenzspieler-Abteilung – BVB-Führung damit auf vier Großkaliber ausgebaut": Journalisten und Blogger aus aller Welt, sogar ESPN in den USA, schlachteten unsere Nachricht aus. Die allermeisten nannten die Quelle.

Zumindest vorübergehend. Denn Punkt 20 Uhr begann auch die Erosion. Am nächsten Tag rückte der TV-Sender Sky unser Interview in den Mittelpunkt der Bundesliga-Berichterstattung. Wir als Quelle: nicht ein einziges Mal erwähnt. Am Abend im ZDF-Sportstudio: ohne Hinweis auf uns.

Auch das ist Journalismus heute: Parasitentum, wohin man schaut. Beide Sportredaktionen haben sich hinterher, als ich sie zur Rede stellte, bei mir entschuldigt. Es nutzte uns nur nichts mehr. Was mir blieb: 29 Minuten Aufmerksamkeit nach monatelanger Arbeit. Immerhin.

Dass die Kommunikation mit der Außenwelt überhaupt in Sekundenschnelle erfolgen kann, ist nicht nur ein Technikwunder. Für Generationen von Sportreportern änderte sich das Berufsbild. Nicht immer zum Besseren.

Elfmeter-Duell mit Möller

Danach kannten mich alle Spieler von Borussia Dortmund

Als junger Sportreporter war ich darauf angewiesen, dass mich die Spieler von Borussia Dortmund schnell kennenlernen. Denn wenn sie sonntags nach dem Bundesliga-Spiel meinen Telefonanruf bekamen, sollten sie ein Gesicht vor Augen haben. Nur so baut man Vertrauen auf und erhält ohne Pressesprecher Aussagen, die man in seiner Story mittwochs zitieren kann. Aber wie stellt man das an? Naja, ich wagte beim BVB den Crashkurs.

Zuerst ging ich mit Spielern in Dortmund einzeln essen. Mit Andreas Möller im Wittekindshof. Mit Lars Ricken in einer Heavy–Metal-Kneipe, deren Namen ich vergessen habe. Mit Stefan Reuter beim Italiener im Antica Roma. Jedes Mal pendelte ich von Hamburg nach Dortmund und brachte meinen Chefredakteur bei Sport-Bild mit den Bewirtungsbelegen in Verlegenheit. Einerseits wollte er, dass ich Kontakte aufbaute. Andererseits kostete Netzwerken etwas Geld.

Im Winter-Trainingslager beschleunigte ich meine Vorstellungsrunde. Wir Journalisten waren mit dem BVB-Kader in La Manga und langweilten uns in diesem spanischen Ort, wo Golf wichtiger als Nachtleben ist, ein bisschen. Es gab nicht viel Abwechslung, sondern nur den strengen Trainingsplan. Das Angenehme: Wir waren im Hotel mit allen Spielern unter einem Dach untergebracht; damals ging das noch.

Damit ich in der Hotellobby den Spielern nicht wie ein Fremder begegnete und eben nicht wie ein Fremder behandelt wurde, fasste ich einen verhängnisvollen wie wirkungsvollen Plan: Ich brauchte eine überraschende Aktion, mit der ich zum Gesprächsthema in der Mannschaft werden könnte. Eine Aktion, die mich ein bisschen verrückt erscheinen lassen würde, aber nicht unsympathisch. Was Lustiges halt.

Die Gelegenheit kam während eines Spaziergangs am Hotel. Ich wollte Andy Möller zu einer Wette bewegen und erzählte ihm, dem Weltmeister von 1990, dass ich mal Torwart beim FC Roetgen gewesen bin. Nur Bezirksliga Aachen zwar, nichts Besonderes, jedoch: ein Elfmeterkiller. Natürlich habe ich ein wenig dick aufgetragen, weil ich noch beseelt davon war, wie ich Jahre vorher den Lokalrivalen SV Rott zur Verzweiflung getrieben hatte.

Mein Spieltrieb funktionierte. Als ich ihn immer weiter mit meinen vermeintlichen Heldentaten nervte und großspurig Bundesliga-Format andeutete, behauptete Andy Möller doch eiskalt: Von zehn Elfmetern würde er mir alle zehn todsicher in den Kasten hauen! „Alle zehn?", fragte ich nach. „Ja, alle zehn!", antwortete Möller. Ich schlug sofort ein. Der Einsatz: zehn Flaschen Champagner – für jeden Elfer eine.

Vermutlich hatte er die Sache am nächsten Morgen längst vergessen. Oder wollte das Duell auf den Sankt Nimmerleinstag verschieben. Nicht mit mir! Als Trainer Ottmar Hitzfeld das Morgentraining beendete, ließ ich am Spielfeldrand die lange Jacke fallen und stand plötzlich in voller Torwartmontur vor Andy Möller auf dem Platz! Ich: im grauen Zenga-Trikot aus der italienischen Liga. „Jetzt gilt's!", sagte ich Möller. „Zehn Stück!"

Er schaute sich verdutzt um. Die Mitspieler starrten ihn verwirrt an und begannen zu feixen. Was ist denn hier los? Möller kam aus der Sache nicht mehr heraus. „Oder kneifst du?", fragte ich ihn provozierend. Er zeigte auf das Tor, das auf der anderen Seite des Trainingsplatzes stand. Da drüben wollte er das Duell machen. Weit weg von den Mitspielern. Wenn er einen Elfer gegen mich verschießt: Er wäre blamiert gewesen. Also lieber unter Ausschluss von Zeugen.

Die Mitspieler dachten gar nicht daran, in den abfahrbereiten Mannschaftsbus zu steigen und uns dem Wettspiel alleine zu überlassen. Mein Plan ging auf: Die komplette Mannschaft von Borussia Dortmund, von Stammspielern wie Stephane Chapuisat und Michael Zorc bis zu Reservisten wie Teddy de Beer und Steffen Freund, wollte das aberwitzige Schauspiel mitansehen. Zwei Dutzend Mann. Dazu der Trainerstab mit Ottmar Hitzfeld und Michael Henke sowie die Journalistenriege.

Wirklich alle wollten zuschauen. Die Rückfahrt des Mannschaftsbusses zum Hotel: verschoben. Gottschalk gegen Möller – der inszenierte Showdown von La Manga. Ich kann mir beim besten Willen nicht vorstellen, dass eine solche Aktion im Trainingslager heute noch möglich wäre. Wenn sogar gemeinsames Kaffeetrinken im Mannschaftshotel unter Androhung eines Ausschlusses unterbunden wird, weiß man, was los ist. Die Klubs haben das Menschelnde verloren.

Borussia Dortmund stand schon damals nicht im Verdacht, ein besonders aufgeschlossener Verein zu sein. Michael Meier nahm aber als Manager für sich in Anspruch, kein Lügner zu sein, und umschiffte unangenehme Fragen mit der Aufforderung: „Dann sollten Sie Ihre Quellen überprüfen." Erst Jahre später sollte bekannt werden, dass diese scheinbar nicht abweisende Vorgehensweise die Wahrheit über die finanzielle Situation zu verschleiern half.

Einmal im Jahr lud Meier alle Journalisten, die über Borussia Dortmund Artikel verfassten, in der Sommerpause zu sich nach Hause in die Gartenstadt ein und vergab einen Journalistenpreis: den Karl-May-Preis für die beste BVB-Geschichte, die nicht stimmte. Die Assoziation mit Karl May lag auf der Hand: Der legendäre Winnetou-Autor hatte anschaulich von Orten berichtet, die er selbst nie mit eigenen Augen gesehen hatte. Hinter der Preisvergabe steckte eine Botschaft.

Ganz gleich, wie falsch oder gerissen eine Story war, die zu Borussia Dortmund veröffentlicht worden ist: Michael Meier wollte zu Saisonbeginn reinen Tisch. Und da kamen ungeheuerliche Themen in den Genuss des Karl-May-Preises. Ein Lokalredakteur schrieb zum Beispiel über zwei Brüder in der Bundesliga und zitierte deren Mutter. Dummerweise waren Alois Reinhardt und Knut Reinhard weder verwandt noch Brüder. Sogar ihre Nachnamen schreiben sich unterschiedlich.

Die Personalie Möller war vielleicht Michael Meiers Meisterstück. Der frühere Publikumsliebling war im Sommer 1994 von der verkorksten Weltmeisterschaft in den USA zurückgekehrt und trug als zentraler Mittelfeldspieler die Last, dass er das Viertelfinal-Aus gegen Bulgarien nicht verhindert hatte. Das Publikum in Dortmund reagierte mit gemischten Gefühlen auf seine Rückkehr. Jeder im Westfalenstadion kannte die Vorgeschichte.

Zwar war unbestritten, dass er ein genialer Fußballer war. Aber niemand hatte vergessen, wie er Jahre zuvor sein Wort gebrochen, seinem öffentlichen Gelöbnis der Vereinstreue widersprochen und den BVB verlassen hatte. Es war damals wie später bei Mario Götze: Man musste sich wieder aneinander gewöhnen. Möller überzeugte damals in der ersten Saison nach der Rückkehr mit Leistung und vielen, vielen Toren.

Ich selbst hatte ihn immer als feinen Kerl erlebt. Wenn wir unter der Woche am Trainingsplatz am Rabenloh ein paar Worte wechselten oder nach den Spielen die Taktik des Trainers auseinander nahmen, scherzten wir immer miteinander. Wir zwei, fast gleich alt, lagen auf einer Wellenlänge. Ich will nicht sagen, dass wir Freunde waren. Aber freundschaftlich miteinander verbunden: das schon. Nun, vor dem Elfmeterschießen, bemerkte ich eine Veränderung an ihm, die ich – ganz ehrlich – nicht kannte. Plötzlich war Andreas Möller fokussiert. Sein Blick verengte sich zu einem Tunnel. Mit einem Mal blieb kein Raum für Scherze mehr. Kein lockerer Spruch. Kein freundlicher Blick. Nur: er und der Ball. Möller legte sich den Ball auf dem Elfmeterpunkt zurecht und ignorierte jedes Mätzchen, das ich aus zwei Jahren Bezirksliga zu kennen glaubte. Ich ahnte schon: ein klarer Fall von Selbstüberschätzung meinerseits.

Um es kurz zu machen: Möller haute mir nacheinander alle zehn Bälle ins Netz, ohne dass ich auch nur den Hauch einer Chance hatte, einen Schuss abzuwehren. Vielleicht war ich an einem einzigen Ball fast dran. Mehr aber auf gar keinen Fall. Als der letzte Elfer versenkt war, wurde Möller wieder locker. Mission erfüllt. Er lachte. Und ich konnte nur froh sein, dass der Fotograf Hennes Multhaup ebenso am Trainingsplatz geblieben war.

Hennes Multhaup hatte mein Desaster zur Erinnerung auf einem Foto festgehalten und sagte wohl noch: „Das war aber nix." Nee, war es wirklich nicht. Der Effekt: In der Mannschaft musste ich mich bei keinem einzigen Spieler mehr vorstellen, aber auch deren spöttische Blicke ertragen. Nie werde ich die Frage von Torwart Teddy de Beer vergessen. Er wollte im Hotel wissen: „Hast du wirklich mal Fußball gespielt?" Danach schämte ich mich zum ersten Mal ein wenig wegen dieser Aktion.

Beim Posträuber in Rio de Janeiro

Zur Willensschulung im Trainingslager in Brasilien

Matthias Sammer erlebte in seiner ersten Saison als TV-Experte bei Eurosport nicht nur höchste Anerkennung, sondern lieferte auch einen Grund, warum ihn Borussia Dortmund als externen Berater verpflichtete. Seine Analysen, die er freitags an der Seite von Jan Henkel vorträgt, sind klar in der Sache und moderat im Ton. Als er noch beim BVB spielte, war es meistens umgekehrt. Ich erinnere mich da an unsere Zeit in Brasilien.

Borussia Dortmund kam Ende 1995 auf die Idee, im Januar das Wintertrainingslager in Rio de Janeiro aufzuschlagen. Nun muss man wissen: In Rio de Janeiro ist im Januar Hochsommer. Die Temperaturen steigen auf 40 Grad im Schatten. Als ich beim Training zusah, konnte ich vor Erschöpfung kaum stehen, so sehr drückte die Hitze. Die Spieler aber mussten Kondition bolzen.

Ein Blick in Matthias Sammers Gesicht reichte, um seinen Unwillen zu erkennen. Abscheu und Unverständnis treffen es wohl. Trainer Ottmar Hitzfeld gab eine Erklärung für die Auswahl des Trainingsorts an: „Willensschulung". Wer in dieser Hitze Leistung zeige, wenn der Körper Nein schreit, werde auch in der Champions League Belastungsgrenzen verschieben.

Seinen Verteidiger Julio César freute das Training in der Heimat ohnehin: Endlich konnte er seinen Mitspielern zeigen, was er so an Brasilien liebt. Tatsächlich waren auch wir Journalisten nicht gerade traurig über Hitzfelds Entscheidung: zwei Wochen Dienstreise in Brasilien – das klang zunächst paradiesisch.

An der Copacabana geht es ziemlich locker zu, und man macht Bekanntschaften, von denen man nicht weiß, ob sie heute so möglich wären. Heute wird das Trainingsquartier nicht nach den Vorgaben des Trainers ausgesucht, sondern nach Gesichtspunkten der Marketing-Abteilung. Die Liga zahlt heute sogar Geld, damit die Klubs in Ölstaaten und in den USA spielen.

Die Reiseplanung durch das klubeigene Reisebüro fern der Heimat lief so chaotisch, dass es vor Ort zu einem Aufstand der Journalisten kam.

Unser Hotel war eine bessere Jugendherberge und hielt Hygiene für eine nicht sonderlich erstrebenswerte Abmachung. Wir Journalisten wollten, wenn die Reise schon so viel Geld kostete, eine angemessene Unterkunft. Einzige Möglichkeit: das Mannschaftshotel. Das wiederum fanden die Spieler nicht besonders witzig. Man hatte ihnen, um die Reise nach Brasilien schmackhaft zu machen, „Goldene Wasserhähne" versprochen, wie sie sagten. Was sie vorfanden, war okay – aber eben auch nicht die angekündigte Wohlfühloase, um die Bundesliga-Rückrunde gewissenhaft vorzubereiten.

Überall im Hotel lungerten Touristen herum. Und jetzt sollte auch noch ein halbes Dutzend Journalisten ins Allerheiligste? Es kam zur Aussprache auf dem Trainingsplatz. Der damalige Manager Michael Meier erfüllte seine Rolle als Moderator ziemlich souverän. Bei 40 Grad Hitze und vor dem grimmigen Sammer brachte er alle Argumente, also auch unsere, zum Ausdruck.

Ich muss sagen: Bei Borussia Dortmund standen Weltmeister unter Vertrag, große Spieler, die ein halbes Jahr vorher die erste Deutsche Meisterschaft seit 1963 nach Dortmund geholt hatten – sie hätten kurzerhand jedes Zugeständnis ablehnen können. Wir hatten ja keine Handhabe. Aber sie alle verstanden das Problem und willigten in unseren Hotelwechsel ein.

Niemals vergesse ich, wie mich Steffen Freund an der Schulter packte und mich durchschüttelte, als er sagte: „Aber wehe, du schreibst nur ein Wort, was wir im Hotel machen." Ehrensache, nicht ein Wort! Denn mit den Borussen unter einem Dach zu sein, war schon eine coole Sache. Schnell gewöhnten wir uns aneinander. Sich auf einen Kaffee in der Lobby zu treffen war kein Problem.

Alles blieb unter uns Männern. Ohnehin hatte ich abends mein eigenes Programm: Ich besuchte einen Posträuber. Ja, richtig gelesen, einen Posträuber. Mein RTL-Kollege Thomas Soßna kam auf die Idee, den legendären englischen Posträuber Ronald Biggs zu besuchen. Der hatte mit seinen Kumpanen Anfang der 60er Jahre einen Postzug in England überfallen.

Mit einer spektakulären Flucht um den halben Globus erlangte dieser Ronald Biggs Weltruhm. Er konnte sich in Rio der Verhaftung durch Scotland Yard dadurch entziehen, dass er ein Kind zeugte und ihn Brasilien deswegen nicht auslieferte. Seitdem liebten ihn die Leute für seine Cleverness. Wir klopften an seiner Haustür – und er ließ uns rein.

Die halbe Nacht saßen wir in seinem Wohnzimmer, er verteilte Bier und erzählte die alten Geschichten. Von den Toten Hosen, die mit ihm eine Platte aufgenommen haben. Von seinem Kidnapping, als er schon auf hoher See verschleppt war und ihn das Militär zurück nach Rio holte. Von seinem Buch, das wir bitteschön für kleines Geld erwerben könnten.

Ich mochte diesen älteren Herrn. Sein Buch mit Autogramm hat noch immer einen prominenten Platz in meinem Regal und erinnert mich ständig daran, wie tollkühn ein Reporterleben sein kann – wenn man nur Mut zeigt. Allein mit dem organisierten Besuch von Pressekonferenzen wird man kuriose Begegnung nicht erleben können.

Berührungsängste gab es in Rio de Janeiro ohnehin nicht. Einmal fuhren wir auf gut Glück zu Zico, dem weißen Pelé. Einfach so. Den ganzen Nachmittag nahm sich der Fußballstar der 80er Jahre in Ipanema Zeit, um uns Deutschen die Vorzüge seiner Fußballschule zu erläutern. Nicht einmal ein Buch mussten wir dafür kaufen.

Oder Jorginho, zwei Jahre zuvor Weltmeister geworden. „Hast du Zeit?", fragte er rhetorisch und fuhr, als ich bejahte, mit mir drei Stunden durch die Stadt, um mir das Armenviertel zu zeigen, wo er aufgewachsen und dem er mit Fleiß entkommen war. Ältere kennen ihn als rechter Verteidiger in Leverkusen und München, die Jüngeren vielleicht als Co-Trainer der brasilianischen Nationalelf.

So vergingen die Tage in Rio. Die Spieler schwitzten, die Journalisten scherzten. Und von heimlichen Ausflügen in der Nacht will ich nichts gewusst haben. Sammer verengt noch heute seinen Blick, wenn ich ihn an Rio erinnere. Mit seiner blassen Haut mied er die sengende Sonne, wo er konnte – lieber wäre er wohl nach Spanien oder Portugal gefahren. Außerdem hatte Hitzfeld mit seiner These von der Willensschulung recht: Borussia Dortmund gewann die zweite Meisterschaft in Folge und legte die Grundlage für den Gewinn der Champions League ein Jahr darauf. „Ach, hör mir auf damit", unterbricht Sammer dann. „Das alles war …" Und ich lächle nur.

In Dortmund die Meisterschale entführt

Dafür musste ich Rehhagel aufs Kreuz legen

Zur wahrscheinlich spektakulärsten Phase meines beruflichen Weges gehörten die vier Wochen nach der Deutschen Meisterschaft von Borussia Dortmund 1995. Vieles von dem, was ich heute über die Psychologie einer Mannschaft im Profifußball weiß, lernte ich in jenem Sommer von Ottmar Hitzfeld.

Der Trainer war ein Meister darin, jeden einzelnen Charakterzug seiner Spieler nicht nur zu durchschauen, sondern in jedem Ensemble aus Stars aufeinander abzustimmen. Hitzfeld beherrschte das Handwerk im Fegefeuer der Eitelkeiten wie nur wenige Kollegen. (Ich denke jetzt an Udo Lattek und den späten Jupp Heynckes.)

Auch mich wusste er zu händeln, damit ich kein Störenfried werde. Als BVB-Reporter hatte ich einen direkten Zugang zu seinen Spielern. Kein Pressesprecher konnte mich vom Kontakt mit der Mannschaft und damit von der Recherche, was in der Umkleidekabine passierte, fernhalten. Für einen Trainer ist eine solche Nähe nicht ungefährlich.

Wenn in der Mannschaft etwas vorfiel, würde ich davon erfahren und darüber berichten. Und ich erfuhr und schrieb eine Menge. Die Mischung aus gestandenen Borussen und Italien-Legionären hatte etwas Explosives. Hitzfeld sagte später über diese Phase seiner Trainerkarriere, es sei die schwerste gewesen – die Mannschaft habe schwierige Charaktere gehabt.

Über Monate bauten Ottmar Hitzfeld und ich ein exzellentes, weil professionelles Verhältnis auf. Heute, über zwei Jahrzehnte später, kann ich ja erzählen, wie wir Otto Rehhagel aufs Kreuz legten, wie ich die Meisterschale beim BVB entwendete und wie ich, der Reporter von Sport-Bild, von seiner Verkleidung bei Spieler-Beobachtungen erfuhr.

Man muss dazu wissen: Sport-Bild lebt wie Kicker und Bild von Insider-Wissen und exklusiven Stellungnahmen. Um beides zu erlangen, muss man sich einen Zugang zu den handelnden Personen verschaffen. Es geht weniger um Kumpanei als um einen Interessenausgleich: Wenn jemand was zu sagen hat, dann sollte er das bitte schön bei mir tun. Und nur bei mir.

In der Saison 1994/95 hatte Hitzfeld einen Kader zusammen, der aus Weltmeistern und Eigengewächsen bestand. Zwei Welten prallten aufeinander. Auf der einen Seite Matthias Sammer und Karl-Heinz Riedle, Andreas Möller und Stefan Reuter. Auf der anderen Michael Zorc, Stefan Klos und Lars Ricken. Dazwischen Leistungsträger wie Julio César und Stephane Chapuisat.

Hitzfelds Aufgabe bestand darin, die erste Meisterschaft seit 1963 zu holen. Er machte das, um es kurz zu sagen, vorzüglich, sammelte ein Punktepolster und wurde allenfalls noch vom SV Werder Bremen gejagt. Alles lief glatt – bis Riedle und Chapuisat, die beiden Torjäger, in der Endphase der Saison ausfielen. Kreuzbandriss. Das Polster schmolz.

Matthias Sammer hatte die Mannschaft, ich erzähle davon später, mit einer spektakulären Aktion wachgerüttelt. Sonst wäre man schon viel früher aus dem Meisterschaftskampf herausgefallen. Hitzfeld selbst fand die Sammer-Intervention nicht so toll. Als Trainer wollte er die Kontrolle behalten. Die Mannschaft holte zwar Punkte im Titelkampf. Aber eben nicht genug.

Vor dem letzten Bundesliga-Spieltag sah es düster aus. Da hätten die Dortmunder zu Hause gegen den Hamburger SV siegen können, wie sie wollten: Wenn Werder Bremen in München zwei Punkte holt, ist das Meisterschaftsrennen endgültig gelaufen. Das schien kein Problem zu sein; für die Bayern ging es ja um nichts mehr.

Hitzfeld klang am Telefon aber keinesfalls frustriert, als wir über die vertrackte Tabellensituation redeten. „Warum sind Sie so gut gelaunt?", fragte ich. In aller Kürze wies er mich auf die kuriose Lage bei den Bayern hin: Otto Rehhagel, damals Trainer von Werder Bremen, stand schon als neuer Bayern-Trainer fest und spielte jetzt gegen seinen künftigen Verein.

Nie und nimmer würden es die Bayern-Spieler zulassen, dass der neue Mann als Meistertrainer zu ihnen kommt. „Sonst verlieren sie ihre Macht schon vor dem ersten Training", erklärte er mir. Ich verstand nicht sofort, wie er das meinte. Aber ich durfte das und noch mehr schreiben. Ich wusste: Seine Stellungnahme war bewusst platziert.

Heimlich hatte nämlich Hitzfeld mit seinem ehemaligen Spieler Thomas Helmer telefoniert, damals Profi beim FC Bayern und heute Moderator vom Doppelpass auf Sport1, um ihm die Situation zu verdeutlichen:

Wie sehr ihm und seinen Mitspielern daran liegen müsse, dass Dortmund und nicht Rehhagel Meister wird. Rehhagel wäre nicht mehr zugänglich für die Wünsche der Spieler.

Helmer trug die Botschaft in die Mannschaft. Als die Schlagzeile am Mittwoch erschien, war die Aufregung groß. Sollten die Bayern jemals vorzeitig in Urlaubsstimmung gewesen sein – danach waren sie es nicht mehr. Dem letzten Bayern-Profi wurde klar: Rehhagel durfte nicht als Meistermacher kommen. Als Meister würde er durchregieren.

Tatsächlich schickten die Bayern die Rehhagel-Mannschaft mit 3:1 nach Hause. Borussia Dortmund gewann das Heimspiel mit 2:0 gegen den Hamburger SV und wurde erstmals nach 32 Jahren Deutscher Meister. Die Euphorie beim BVB kannte keine Grenzen mehr. Aber mein schwierigster Part sollte noch kommen.

Wir von Sport-Bild hatten Ottmar Hitzfeld unter Vertrag genommen, damit er in einer exklusiven Serie sein Meisterstück erklärte. Hitzfeld hatte durchaus ein Mitteilungsbedürfnis. Die Stars, der Druck, der Erfolg: Er sollte alles aus seiner Sicht schildern und vertiefen. Natürlich wollten wir die Serie mit exklusiven Fotos bebildern.

Der Fotograf Heiner Köpcke hatte an den Westfalenhallen, wo die Meisterfeier stattfand, ein Hotelzimmer zu einem Fotostudio umgebaut. Dort wollte er Hitzfeld mit der Meisterschale fotografieren. Nicht irgendwann – sondern noch in der Nacht der Meisterschaftsfeier. Nur: Wie sollte ich an die Schale rankommen?

Nun, ich habe nicht lange gezögert. Als die Bierlaune im Festsaal einen gewissen Pegel erreicht hatte, legte ich los: Ich schnappte mir die Schale noch während der Meisterfeier und wickelte sie unter dem Tisch in meinen Mantel ein. Kein Witz: Genau so war's! Ich stand auf und verließ mit der Meisterschale unter dem Arm unbeaufsichtigt den Saal.

Das war nicht so einfach. Es war die Original-Schale des DFB, keine Kopie, und deswegen unglaublich schwer zu tragen. Ich öffnete die Saaltüren und schaute in ein Meer von feiernden, das heißt: betrunkenen Fans, die ihr Lebensglück nicht fassen konnten. Durch diese Menschenmenge musste ich also durch. Mit der Meisterschale unterm Arm.

Man braucht keine große Fantasie, um sich vorzustellen: Was wäre wohl passiert, wenn nur ein einziger Fan gemerkt hätte, was ich da mit mir trug?

Das Fotostudio hätte ich niemals erreicht. Zumindest nicht mit der Schale. Ich nahm meinen ganzen Mut zusammen, sturer Blick nach vorn, und ab durch die Mitte. Fahrstuhl rauf zum Hotelzimmer.

So konnten wir das Hitzfeld-Foto mit der originalen Meisterschale bestücken. Ich trage das Foto mit Hitzfeld und mir mit Schale jederzeit bei mir. Hitzfeld, der ein wenig später nachgekommen war, hatte sichtlich Spaß an meinem Husarenstück und lächelt mir auf dem Foto amüsiert zu. Danach brachte ich die Schale natürlich brav zurück zur Meisterfeier.

Als am nächsten Tag Hunderttausende von Menschen die Dortmunder Straßen säumten, um mit der Mannschaft den Titelgewinn zu feiern, wartete ich im Hotel Lennhof im Stadtteil Barop auf Hitzfeld. Auf der Agenda: Das erste Gespräch, um mit der Meisterserie zu starten. Er kam am frühen Abend, setzte sich zu mir an den Tisch und reichte mir die Hand. Ich war verdutzt.

Der Meistertrainer bot mir das Du an. Zuerst wusste ich nicht, wie ich damit umgehen sollte. Es war Ausdruck seines Respekts. Und ich gebe zu: Ich, damals 26 Jahre alt, fühlte mich geehrt. Wir verbrachten danach viel Zeit miteinander, um die Serie ordentlich aufzuschreiben. Ich war der Ghostwriter und musste alles ganz genau wissen.

Ich war in den Wochen nach dem Titelgewinn mit ihm auf Mallorca in Urlaub, in einem äußerst bescheidenen Hotel an der Ostküste der Insel, besuchte mit ihm seine Heimatstadt Lörrach und lernte seine Familie kennen. Am meisten überraschte er mich mit einer Erzählung, die ihm noch den größten Ärger einhandeln sollte.

Ottmar Hitzfeld erzählte mir, wie er Spieler beobachtete. Hatte er einen Kandidaten auserkoren, wollte er ihn selbst im Stadion live spielen sehen. Aber das war nicht so einfach. Würde er zu einem Bundesliga-Spiel ins Stadion gehen, wüsste jeder Bescheid, was er dort wollte. Die Spekulationen um Spieler würden ins Kraut schießen.

Hitzfeld verriet mir: Er würde sich vor dem Stadionbesuch verkleiden und dann irgendwo versteckt auf der Tribüne stehen – mit Mütze, Sonnenbrille und Perücke. Ich konnte es kaum glauben. Hitzfeld galt schon damals als Gentleman. Er trug immer Sakko, oft Krawatte, immer tadellos. Und dieser Mann ging verkleidet ins Stadion?

Hitzfeld sah meinen skeptischen Blick und bat mich spontan zu seinem Auto. Er öffnete den Kofferraum und holte seine Maskierung heraus. Ich war baff. „Damit habe ich mir Jörg Albertz beim HSV angesehen", sagte er noch. Die Story erschien auf dem Titelblatt – mit ihm in der Verkleidung. Die Überschrift: „Ehrlich! Das ist Hitzfeld!"

In Dortmund war anschließend der Teufel los. Niemand hatte davon gewusst. Schon kamen die ersten Stimmen auf, die fragten: „Ist das noch BVB-würdig?" Mein Chefredakteur musste Hitzfeld versprechen, dass das Foto vorläufig nicht mehr erscheinen sollte. Die Gemüter sollten sich beruhigen.

Mehr als zwei Jahrzehnte später zeigte ich das Foto wieder auf Facebook. Die Leser waren begeistert, wie gewieft der Trainer seinem Job nachging, und trugen ihm überhaupt nichts nach. Die Geschichte dahinter gehörte bis heute zu den unglaublichsten Dingen, die ich im Fußball erfahren habe. In jederlei Hinsicht.

Herrlich durch die Sommerpause

Als Kronzeuge im Transferstreit zwischen Gladbach und Dortmund

Vor einiger Zeit schickte mir mein lieber Kollege Sven Beckedahl einen über 22 Jahre alten Schnipsel aus der Sport-Bild. Auf dem Foto zu sehen: Heiko Herrlich, damals Torschützenkönig der Bundesliga, und ich beim Fußballspielen – in einem Wald irgendwo im Rheinland. Das Foto weckte Erinnerungen an meine aufregendste Reporterzeit.

Damals lernte ich, in welcher Kurvenlage die Fußballbranche arbeitet. Heute darf ich es wohl sagen: Ich war nicht ganz unbeteiligt daran, dass Heiko Herrlich 1995 von Borussia Mönchengladbach zu Borussia Dortmund gewechselt ist. Dieser Report, aus der Erinnerung aufgeschrieben, gibt einen tiefen Einblick in meine Arbeit damals als Sportreporter.

Die Geschichte beginnt im Frühjahr 1995 in meinem Büro in Hamburg. Ich arbeitete schon seit einem Jahr für Sport-Bild und hatte mir mit BVB-Storys einen Namen gemacht. Man muss wissen: Sport-Bild trägt zwar die Marke „Bild" im Logo. Aber der damalige Chefredakteur Gerhard „Max" Pietsch legte allergrößten Wert auf seine Unabhängigkeit von Bild.

Max Pietsch wollte, dass seine Jungs mittwochs Geschichten aus der Fußball-Bundesliga veröffentlichten, um die uns die Bild-Kollegen beneiden. Er stachelte uns geradezu an. Das neue Heft war noch nicht erschienen, da versammelten wir uns schon in seinem Büro an der Caffamacherreihe in Hamburg, um die ersten neuen Recherche-Aufträge zu verteilen.

An einem Nachmittag rief ich – teils aus Neugier, teils aus Langeweile – den Manager Rolf Rüssmann in Mönchengladbach an. Das tat ich gerne. Der ehemalige Nationalspieler hatte immer ein offenes Ohr für junge Reporter und tauschte gerne Insider-Wissen aus. Wohl aus Gewohnheit und nicht aus Absicht ließ ich mein Tonband mitlaufen.

Richtig gelesen: ein Tonband. Damals hielt man die Digitalisierung, wenn man das Wort überhaupt kannte, für eine seltene Hautkrankheit. Wir hatten bei Sport-Bild Tonbandkassetten. Ich stellte das Telefon auf laut, damit ich beide Hände frei zum Mitschreiben hatte, und startete die

Tonbandaufnahme. Man sollte das vorher ankündigen. Das hatte ich aber nicht getan.

Rüssmann und ich plauderten. Über Gerüchte. Transfers. Anstehende Pokalspiele. Mönchengladbach schickte sich seinerzeit an, mit Stefan Effenberg den DFB-Pokal zu gewinnen. Rüssmann klang euphorisch. Seine Gladbacher womöglich im Europapokal der Pokalsieger! Vielleicht der Durchbruch für das neue Stadion. Der Redefluss stoppte nicht mehr.

Er sprach plötzlich von einer Zusage an seinen Stürmer Herrlich, seinen besten Torjäger neben Martin Dahlin, und dass es ja stimme, aber es gebe jetzt eine neue Situation und so ... ich verstand nur Bahnhof. Immer wieder hörte ich mir hinterher das Tonband an. Einen Reim konnte ich mir nicht auf die Rüssmann-Aussagen machen. Noch nicht.

Außerdem war ich abgelenkt. Die andere Borussia war auf dem Weg zur ersten Deutschen Meisterschaft seit Jahrzehnten; da musste ich hellwach bleiben, um keine Entwicklung in der Mannschaft zu verpassen. Das Tonband sollte erst eine Woche nach dem Meistertitel für Dortmund eine Rolle spielen. Eine entscheidende Rolle.

Ich reiste also zum Pokalfinale nach Berlin. Borussia Mönchengladbach gegen den VfL Wolfsburg. Tiger Effenberg zog auf dem Rasen und hinterher seine große Show ab. Effe hier, Effe da: Alle Journalisten drehten durch – der Pott ging tatsächlich an den Niederrhein. Ich aber stand in den Katakomben des Olympiastadions und wartete – auf Heiko Herrlich.

Er war damals 23 Jahre alt und, wie gesagt, Torschützenkönig der Bundesliga. Trotzdem beachtete ihn niemand groß. Inzwischen hatte ich aus zweiter Hand erfahren, dass Herrlich Gladbach verlassen und, so eine Information von der Geschäftsstelle in Dortmund, zum BVB wechseln wollte.

Jetzt verstand ich Rüssmanns Worte am Telefon: Als er selbst ein paar Jahre zuvor Herrlich von Leverkusen weglockte, hatte er ihm die Zusage gegeben, dass der Spieler später – bei einem guten Angebot – auch wieder gehen dürfte. Und zwar: ablösefrei! Leider hatte Herrlich nichts Schriftliches. Er, standhafter Christ, hatte dem Wort seines Förderers bedingungslos vertraut.

Vor der Umkleidekabine sprach ich Herrlich an. Volle Attacke: „Ich weiß, dass du nach Dortmund willst." Seine Antwort: „Ich sage nichts."

Ich hakte nach: „Du kannst die Zusage von Rüssmann nicht belegen – ich schon." Herrlich blieb stehen. Er schaute mich ungläubig an. Mein nächster Satz musste sitzen: „Ich habe alles auf Band – dazu brauche ich ein Interview mit dir. Exklusiv."

Ich sah, wie es in Herrlich arbeitete. „Okay", sagte er schließlich, „ich rede mit meinem Berater." Verabredeter Treffpunkt: in gut einer Stunde an der Rezeption im Mannschaftshotel Esplanade. Ich gab ihm noch mit: „Aber kein Wort zu irgendwem." Er nickte nur. Herrlich erschien pünktlich mit seinem Berater. Ich wiederholte, was ich auf Band hatte, und äußerte meinen Gesprächswunsch.

Beide sagten Exklusivität zu. Und so entstand eine der skurrilsten Szenen meiner Laufbahn. Ich stand mit Herrlich und seinem Berater über eine Stunde lang in einer unbeleuchteten Ecke rechts von der Rezeption, eigentlich von überall zu sehen, während nur ein paar Meter entfernt im Saal die Pokalparty ihrem Höhepunkt entgegeneilte und Reporter den Stürmer vergeblich suchten.

Ich hatte Herrlich alleine. Keiner störte unser Gespräch. Die ganze Zeit nicht. Und er legte los. Dass er von Rüssmann enttäuscht sei, weil der sich nicht mehr an die Zusage halte. Dass es ein Vertrauensbruch sei. Dass er deshalb nie mehr für Gladbach spielen wolle. Dass er notfalls seine Karriere beenden werde. Dass er halt auf sein Recht bestehe.

Ich verbrauchte beide Seiten der Tonbandkassette, um alles aufzuzeichnen, was Heiko Herrlich zu sagen hatte. Irgendwann haben wir uns dann verabschiedet. Sofort erkannte ich die Dimension des Ganzen. Aber: Es war Samstagabend. Würde Herrlich wirklich bis Mittwoch, wenn Sport-Bild erscheint, dichthalten?

Am Sonntag flatterte das Telefax vom Herrlich-Berater in die Redaktion: kaum Änderungen am Interview. Mein Chefredakteur kam zur Tür herein, das Interview in Händen. „Sowas Hartes hatten wir noch nie", schwärmte Herr Pietsch. Erleichterung am Montag und Dienstag: kein Zitat von Heiko Herrlich in den Zeitungen. Er hatte Wort gehalten.

Mittwoch erschien Sport-Bild mit der Schlagzeile: Nie mehr für Gladbach! Wörtlich sagte Herrlich: „Nie wieder spiele ich für Gladbach. Eher höre ich ganz mit dem Fußball auf und fange an zu studieren." Alle Dämme brachen. Herrlich wurde an den Pranger gestellt. Alle Medien stellten ihn als typischen Fall eines geldgierigen Fußballprofis dar, der seinen Abgang erpressen wolle.

Rüssmann ließ alle Verbindungen spielen und behauptete: Eine Zusage habe es weder schriftlich noch mündlich gegeben. Die Kampagne gegen Herrlich wirkte. Die Empörung damals ist zu vergleichen mit der Wut auf den streikenden Dembélé im Sommer 2017. Der Unterschied: Herrlich war im Recht. Das sagte ich dem damaligen BVB-Manager Michael Meier auch.

Ich hatte ja das Tonband als Beweis. Längst war die DFB-Spitze in Frankfurt eingeschaltet worden. Keiner außer mir hatte das Tonband bisher gehört. Aus gutem Grund. Es war nicht ganz legal. Als Journalist muss man, wie ich schon schrieb, seinen Gesprächspartner darüber informieren, dass man das Gespräch aufzeichnet. Ich hatte diese Formalität – vergessen.

Aber es gab keinen Zweifel: Die Tonbandaufnahme war echt, äußerst brisant und gefährlich. Der DFB fürchtete um sein Sittengemälde. Der Fall drohte vor dem Arbeitsgericht zu landen. Mit mir als Zeugen: Ich müsste Rüssmann im Gerichtssaal der Lüge überführen. Das wollte ich nicht. Hatte ich eine Wahl?

Die Verhandlungen zogen sich im Hintergrund tage- und wochenlang hin. BVB-Trainer Ottmar Hitzfeld verriet mir schon, welche Rückennummer er Herrlich reserviert habe: die 11. Der Fall nahm täglich an Tempo zu. Und ich war der einzige Journalist, der wusste, wo Herrlich sich vor der Öffentlichkeit versteckte.

Wir trafen uns zu einem weiteren Gespräch in einem Waldstück, damit ihn keiner sah. Zum Gespräch brachte ich einen Ball mit. „Du musst ja in Form bleiben", scherzte ich. Wir jonglierten den Ball ein bisschen, und als ich den Ball sauber aus der Luft zurückspielte, sagte er nur: „Nicht schlecht. Du bist akzeptiert."

Ich trug eine helle Hose, die hinterher dreckig wie bei Kindern nach der Kita aussah. Der Fotograf Heiner Köpcke lachte sich schlapp. Wir hatten das Gefühl, im Sommerloch die heißeste Fußballstory des Jahres zu begleiten. Was sind da schon ein paar Klamotten. Schmutzig flog ich am Abend zurück nach Hamburg. Der Fall Herrlich: noch ungeklärt.

Die Gespräche zwischen Gladbach und Dortmund liefen jenseits der Öffentlichkeit und unter der Moderation des Verbandes. Rüssmann hatte inzwischen vom Tonband erfahren und gab nach. Er ahnte: Die Angelegenheit könnte peinlich für ihn enden. Beide Parteien handelten, damit der Fall nicht eskaliert, einen Kompromiss aus.

Herrlich wechselte für eine Ablösesumme von elf Millionen Mark zu Borussia Dortmund (heute ungefähr 6,5 Mio. Euro). „Er ist der einzige Spieler, der seine Ablöse auf dem Rücken trägt", lästerte Rüssmann vor TV-Kameras. Ein letztes Nachtreten – er hat das gebraucht. Die Herrlich-Seite und ich durften nicht kontern.

Herrlich wurde mit dem BVB 1996 Meister und 1997 sogar Champions-League- und Weltpokalsieger. Der aufregende Sommer 1995 wird uns ewig miteinander verbinden. Daran muss ich jedes Mal denken, wenn ich ihn sehe, und nicht an seine furchtbare Krebserkrankung einige Jahre nach dem Wechsel.

Mit Rolf Rüssmann, das möchte ich betonen, habe ich mich ein paar Monate später versöhnt. Wir hatten bis zu seinem viel zu frühen Tod noch viele gute Gespräche. Aber dann immer ohne Tonbandgerät. Garantiert. Er mag in der Causa Herrlich einen Fehler gemacht haben. Seine Leistungen in Mönchengladbach sind unbestritten.

Hitzfelds Zielstrebigkeit

Wie er 1997 Champions-League-Sieger wurde

Den einen Moment mit Wolfgang Feiersinger im Hotelzimmer hat er niemals vergessen. Auch nach 20 Jahren nicht. Die stillen Sekunden unter vier Augen. Den leeren Blick gegenüber. „Das war die schwerste Entscheidung meines Lebens", sagte Ottmar Hitzfeld, als ich ihn zum Jubiläum wiedertraf. Was er geleistet hatte, war Psychologie pur.

Zwei Jahrzehnte war es her, dass Borussia Dortmund im Münchner Olympiastadion die Champions League gewonnen hat. Mit Ottmar Hitzfeld auf der Trainerbank. Und mit Wolfgang Feiersinger auf der Tribüne. Hitzfeld war schon zweimal Meister mit dem BVB geworden. 1995 und 1996. Ich darf sagen: Als Reporter war ich hautnah dabei.

1997 folgte der Höhepunkt. Das Finale im früheren Europapokal der Landesmeister. In der Königsklasse. In der Champions League. Das 3:1 gegen Juventus Turin erforderte vorher eine Zerreißprobe beim Meistermacher. Zeitweise verfolgte ich als Reporter Geschehnisse wie aus der ersten Reihe und dachte: Das kann doch nicht wahr sein!

Feiersinger saß damals vor ihm. Beide wussten: Klopft der Trainer am Morgen des Endspiels an die Tür, bedeutet das nichts Gutes. Hitzfeld zögerte nicht lange und sagte ihm: Du wirst im Finale gegen Juventus Turin nicht spielen. Du wirst nicht einmal im Kader sein. Für einen Spieler ist das eine Mischung aus Demütigung und Niederschlag.

Hitzfeld sagte ihm noch, dass er sich für René Tretschok entschieden hat. Dass Tretschok ein guter Joker ist und mehr taktische Möglichkeiten bietet, wenn der Spielverlauf Optionen verlangt. Feiersinger hörte da gar nicht mehr richtig hin. Hitzfeld stand auf und ging. So und nicht anders hat er es mir erzählt.

In den Jahren danach hat er Feiersinger ein paar Mal getroffen. Eher zufällig. Immer ging es herzlich zu. Ein Europacup-Sieg verbindet auf ewig. Gesprochen haben sie über jenen Augenblick im Arabella-Hotel in München nie. „Es bringt ja nichts", so Hitzfeld. An diesem Beispiel kann man sehen, wie brutal der Profifußball sein kann. Und als Reporter schaut man zu.

„Ich habe ihm den Höhepunkt seiner Karriere zerstört, den Traum seines Lebens", wusste Hitzfeld damals und weiß es heute. „In dem Moment erreichst du einen Spieler nicht. Er hört und sieht nichts mehr. Und hasst dich nur noch. Nach zwei Minuten habe ich das Zimmer verlassen." Das sind Momente, die ein Fernsehzuschauer nicht kennt. Aber ein guter Reporter.

Wie keine zweite Personalie verrät der Fall Feiersinger auch die Zielstrebigkeit, mit der Hitzfeld, von 1991 bis 1997 Trainer bei Borussia Dortmund, das 3:1 über Juventus Turin im Finale der Champions League in München geplant hat. Man kann behaupten: rücksichtslos ehrlich. Vielleicht müssen Trainer so sein, um erfolgreich zu arbeiten. Jupp Heynckes war und ist nicht anders.

In der Rückschau hat der heute 70-jährige Hitzfeld, der Meister der Mannschaftsführung, mit dem Fall Feiersinger den Grundstein für seine einzigartige Trainerkarriere gelegt. Dem Erfolg, auch seinem eigenen, hat er jedes Einzelschicksal untergeordnet. Er lächelt, wenn er darüber nachdenkt. Sogar er, der Gentleman.

20 Jahre später Kaffeetermin in Basel. Ottmar Hitzfeld sieht entspannt aus. Die Haare sind grauer, die Falten markanter. Inzwischen ist er Großvater und genießt die Tage mit seinem Enkel. Trainer – will er nicht mehr sein. Sogar den Experten-Job beim TV-Sender Sky hat er aus Überzeugung beendet.

Beim Gespräch wird die Erinnerung an die alten Zeiten wach. „Damals fing alles an", sagt er. Der Champions-League-Sieg 1997 nach zwei Meisterschaften mit Dortmund. Das Theater um die Finanzen. Das eine Jahr als BVB-Sportdirektor. Der Wechsel zum FC Bayern München. Lang, lang ist's her.

Mit Manager Michael Meier telefoniert er heute noch regelmäßig; sie sind Freunde geblieben. Dem damaligen Vorstandsmitglied Hans-Jürgen Freundlieb schickt er jedes Jahr Glückwünsche zum Geburtstag. Mit dem ehemaligen Präsidenten Gerd Niebaum pflegt er keinen Kontakt. Wohl aus gutem Grund.

Nicht jeder Weggefährte hat damals verstanden, warum er Lars Ricken, den späteren Schützen des Jahrhunderttors zum 3:1, zunächst auf die Ersatzbank gesetzt hat. Und warum er, als alle Eventualitäten des Spiels durchdacht waren, Feiersinger aussortierte. Feiersinger war bis zu jenem Morgen des 28. Mai 1997 ein Fußballheld in Dortmund.

Wochenlang hatte er den verletzten Abwehrchef Matthias Sammer ersetzt. Mit ihm blieb die Abwehr ohne Gegentor im legendären Halbfinal-Rückspiel in Manchester, als Jürgen Kohler den Cantona-Schuss von der Torlinie kratzte. Und jetzt sollte der Höhepunkt in München folgen. Das Endspiel in der Champions League.

Sammer meldete sich gesund zurück. Von außen betrachtet stand Hitzfeld vor der Wahl: Lässt er aus Dankbarkeit Feiersinger spielen, den braven wie zuverlässigen Libero aus Österreich, der den Laden zusammengehalten hat – oder doch Sammer, den Feuerkopf und Quertreiber aus Sachsen?

Ja, richtig gelesen: den Quertreiber. Sammer, inzwischen bei Eurosport, war der Oppositionsführer in der Mannschaft. Immer bemängelte er was am Trainer. Die Taktik. Die Aufstellung. Die Mannschaftsführung. Längst hatte er seinen Spitznamen weg: Motzki. Und doch hatte Sammer etwas Geniales.

In jenen Jahren gab es im deutschen Fußball in der Abwehrmitte noch die Libero-Position, die Franz Beckenbauer perfektioniert hatte. Ohne Gegenspieler stopfte ein Libero Löcher in der Verteidigung und nutzte, wie der Name andeutet, seine Freiheiten zum Spielaufbau. Hitzfeld interpretierte die Libero-Aufgabe in Dortmund völlig neu.

Im Training hatte er das immer wieder einstudiert: Er ließ Sammer den Gegner schon vor der Abwehr attackieren und Überzahl im Mittelfeld schaffen – bei vollem Risiko, dass er überlaufen wird. Sammer aber beherrschte die Balance. Für Hitzfeld bestand kein Zweifel: Auch gegen Juventus Turin, gegen die Übermannschaft aus Italien, musst du in die Offensive gehen.

Lässt man Superstar Zinedine Zidane, den Messi seiner Zeit, ungestört agieren, verliert man die Kontrolle über das Spiel. Also sollte Sammer spielen. Auf die Ersatzbank kamen: Ricken, Zorc, Herrlich, Tretschok, de Beer. Für Feiersinger blieb kein Platz. „Solche Entscheidungen habe ich als Trainer immer alleine getroffen", sagt Hitzfeld, „ich musste ja auch die Verantwortung übernehmen und den Kopf dafür hinhalten."

An Gegenwind mangelte es 1997 nicht. Die Mannschaft war gespalten. Es gab die, die schon immer da waren. Und die Neuen. Urgestein Zorc verlor seine Position an den Schotten Lambert. Stratege Sousa bekam Sonderwünsche erfüllt. Immer mehr Spieler waren verletzt. Das Resultat: Nach zwei Meistertiteln in Folge rutschte der BVB auf Platz 3 ab und geriet in Schieflage. Der BVB brauchte das Geld aus der Champions League. Damals kam nur der Meister direkt in die Königsklasse. Und der Titelverteidiger. Der Druck auf Hitzfeld wuchs. „Natürlich habe ich die Strömungen gespürt", erinnert er sich. Der Schatzmeister gab ihm zu verstehen, dass es finanziell schlecht aussieht. So wurde der Sieg in der Champions League zur Pflicht. „Der Verein kämpfte damals ums Überleben." Das 3:1 gegen Juventus Turin zögerte den Kollaps hinaus.

Von Krankl und Dietz

Sportjournalisten brauchen eine Leidenschaft, die Leiden schafft

Ich weiß es wie heute: Das Album war golden, das WM-Logo groß auf der Titelseite, und im Innenteil lächelte mir ständig Gaucho entgegen, ein Junge mit Pferdepeitsche. Dass mein erstes Sammelalbum nicht von Panini stammte, musste ich später nachlesen. Wie kein zweites Druckerzeugnis hat es 1978 meine berufliche Wunschvorstellung geprägt. Danach wusste ich: Ich will Sportjournalist werden und über Weltmeisterschaften schreiben.

Denn dass ich heute alle Weltmeister seit 1930 kenne, die Austragungsorte, Torschützen und WM-Embleme: Habe ich vor 40 Jahren in diesem Werk gelernt. Zum ersten Mal durfte ich, damals neun Jahre alt, Fußball im Fernsehen schauen. Dank Sammelalbum kannte ich alle Nationalspieler bei der Weltmeisterschaft. Getauscht habe ich wie wild. Und als ich Bild 301 gegen drei andere tauschte, hielt ich das für einen großartigen Deal.

Leider fiel mir das Bild bis WM-Ende nie mehr in die Hände. Danach wollte ich es nicht mehr. Die letzte Lücke blieb ewig. Das Bild zeigte: Hans Krankl. Den Österreicher, der uns, den Weltmeister, aus dem Turnier schoss. War das Vorsehung? Es sind wohl solche Kindheitserinnerungen, die rückblickend die Emotion erklären, die Fußball in uns auslöst. Sportjournalismus ist nicht Journalismus, wie man ihn gemeinhin definiert. Man ist immer Teil von etwas. Kollegen in anderen Ressorts mögen anderer Meinung sein.

Die Prägung beginnt meistens sehr früh und hält ein Leben lang. Ein Beispiel. In meinem Jugendzimmer hing, als ich gerade zwölf war, über dem Bett ein Poster, von dem ich immer noch behaupte: Ein schöneres hat es nie mehr gegeben. Ein gutes Dutzend Männer winkte müde, aber glücklich in die Kamera, vor ihnen ein kleiner Silberpokal. Mittendrin: ein Kapitän, der mein Herz rührt. Auch heute noch.

Der Kapitän war Bernard Dietz, die Mannschaft die Nationalelf, die gerade mit ihrem Bundestrainer Jupp Derwall in Rom Europameister geworden war. Zwei Hrubesch-Tore reichten zum 2:1 über Belgien, die Nation war aus dem Häuschen. Nur zwei Jahre vorher hatte das DFB-Team die Schmach von Córdoba erlebt, jenes 2:3 gegen Österreich durch Krankl. Ein einziger Weltmeister von 1974 war noch im Team, Bernd Cullmann vom 1. FC Köln. Weltmeister Rainer Bonhof gehörte zwar ebenfalls zum Kader, kam jedoch auf keinen Einsatz mehr.

Alle anderen: Burschen, die sich in sechs Jahren hochgedient hatten. Karl-Heinz Rummenigge. Hansi Müller. Klaus Allofs. Manfred Kaltz. Toni Schumacher. Uli Stielike. Bernd Schuster. Mir fallen diese und weitere Namen jederzeit ein, so prägend war die Wiederauferstehung der DFB-Mannschaft. Und einer stach in diesem Ensemble aus den großen Städten Hamburg, München und Köln eben wegen seiner Unauffälligkeit hervor. Bernard Dietz. Der ohne h im Vornamen.

Seine Position: Linker Verteidiger. Sein Verein: MSV Duisburg. Später: FC Schalke 04. Seine Erfolge: alle ohne Pokal. Und trotzdem wurde so einer der Spielführer? Als ich ihn vor nicht langer Zeit beim Jubiläumsfest vom RevierSport traf, war ich noch immer nervös bei der Begrüßung.

Der Respekt vor der Lebensleistung dieses Mannes hat sich seit jenen Jugendtagen von 1980 noch gesteigert. Ohne Übertreibung: Seine Bescheidenheit, sein Leistungswille, seine Bodenständigkeit sind sinnstiftend, mit diesen Eigenschaften verbindet das Ruhrgebiet seinen Fußball. Schon höre ich die Leser sagen: Ach, wären die Spieler von heute doch genauso! Man kann die Zeit nicht zurückdrehen, das will auch keiner.

Aber man sollte daran erinnern dürfen, wofür die Legenden, die nicht nur das Revier hervorbrachte, stehen. Kein anderer Fußballer aus dem Revier als Bernard Dietz hat die Nationalmannschaft als Kapitän zu einer bedeutenden Trophäe geführt. Er selbst würde das so nie sagen. Allein das macht ihn zu einem besonderen Menschen. Einen Sportjournalist prägen diese Werte, die es vielleicht in der Realität kaum gibt. Die aber dem Fußball etwas Magisches geben.

Meine These: Wer diese Liebe zum Sport nicht in sich trägt, sollte erst gar nicht versuchen, Sportjournalist zu werden. Diese Gier zu verstehen, warum etwas auf dem Spielfeld passiert, welche Folgen das Geschehene auf das Miteinander in der Umkleidekabine hat, motivierte mich schon, als ich noch keinen Führerschein besaß und mich ein Lokalredakteur der Eifler Nachrichten zu den Spielen des 1. FC Köln ins Müngersdorfer Stadion schleuste.

Heiner Schepp ging alleine mit seiner Pressekarte ins Stadion und holte mich nach wenigen Minuten mit der geborgten Pressekarte eines Kollegen am vereinbarten Treffpunkt ab. Dann sah ich die Protagonisten aus nächster Nähe vor und nach dem Spiel. Hannes Löhr, wie er das Europacup-Aus erklärte. Später Christoph Daum, wie er den Eff-Zeh wiederbelebte. Die schreienden Blicke von Spielern, die ihre Kritik kaum zu verbergen mochten.

Darüber wollte ich schreiben. Jeden Tag. Mit Informationen aus erster Hand. Vermutlich rührt daher meine Abscheu vor jedem sogenannten Kollegen, der sein Meinungsbild allein aus Fernsehaufnahmen und Stellungnahmen zusammensetzt. Sie sind Reflektoren und keine Sportjournalisten und haben noch nie eine Stunde vor der Kabine ausgeharrt, um unter vier Augen mit Matthias Sammer ein Spiel zu analysieren.

Die können ein Fußballspiel auseinander nehmen wie die Mannschaftsaufstellung an der PlayStation. Cristiano Ronaldo mit 96 Punkten auf links. Thomas Müller mit 86 Punkten auf rechts. Aber die Psyche der Spieler, die Mentalität in der Mannschaft – die hat Sony für seine Fifa-Spiele noch nicht ergründet. Noch nicht ergründen können. Hier bleibt der Fußball, was er in der Kommerzialisierung zu verlieren droht: menschlich.

Dieses menschelnde Element, von dem ich hier in aller Theorie erkläre, habe ich in der Praxis erlebt. 1995 bei Borussia Dortmund. Endphase der Meisterschaft. Der BVB hatte sein Punktepolster verspielt. Die beiden Stürmer Stephane Chapuisat und Karlheinz Riedle waren verletzt. Trainer Ottmar Hitzfeld schien, was in diesem Buch an anderer Stelle erzählt wird, nur scheinbar ohnmächtig. Matthias Sammer trat öffentlich in Erscheinung.

Er hatte mit Borussia Dortmund das Auswärtsspiel in Freiburg verloren. An der Umkleidekabine nahm er mich beiseite und diktierte mir hammerharte Vorwürfe an die eigene Mannschaft in den Notizblock. Zusammengefasst: Die Lethargie, die Ergebenheit in der Truppe ging ihm auf den

Keks. Er wusste: Seine Sätze würden am Mittwoch darauf, also vier Tage später, für eine große Aufruhr in Dortmund sorgen. Er wollte das. So kam es: Manager Michael Meier rief den Notstand aus. Beim BVB waren sie es nicht gewohnt, dass Kritik extern geäußert wird. Schon gar nicht eine, die ans Eingemachte ging. Eine Krisensitzung jagte die nächste. Die Mannschaft. Der Vorstand. Das Trainergespann. Alle verlangten eine Erklärung. Matthias Sammer war auf das Gewitter vorbereitet. Als wir am Abend telefonierten, sagte er nur trocken: „Jetzt habe ich wieder das Gefühl, dass wir Meister werden."

Live auf Sendung

Der Doppelpass am Sonntagmorgen ist wichtig für Reporter

So ein Gastbesuch beim Doppelpass hat etwas Rituelles. Meistens kommt die Einladung zu dieser Live-Sendung in der Woche vorher. Die Redaktion um Jörg Krause gewinnt einen Überblick über die Themen und sucht dafür passende Gesprächspartner. Bei mir meldet sie sich vor allem, wenn es um Schalke, Borussia Dortmund, den FC Bayern und den Hamburger SV geht. Da kenne ich mich am besten aus und kann folglich am meisten zur Diskussion beitragen.

Die Doppelpass-Sendung auf Sport1 findet in München am Flughafen in der Lobby des Hilton Munich Airport statt. Für die Gäste der Sendung ist das sehr angenehm. Wenn ich am Sonntagmorgen mit dem 9-Uhr-Flieger aus Hamburg komme, sind es zu Fuß nur 100 Meter vom Lufthansa-Gate zum Hilton. Meistens erreiche ich gegen halb elf die Garderobe, dem Treffpunkt vor der Sendung. Dann muss es aber flott gehen.

Die Garderobe liegt rechts in einem Gang hinter der Bühne. Meistens warten die andere Gäste schon bei einer Tasse Kaffee. Es können Ex-Trainer wie Armin Veh und Huub Stevens sein, Profispieler wie Marcell Jansen und Neven Subotic, Fußballexperten wie Johannes B. Kerner und Marcel Reif. In der Garderobe bekommt man als Gast etwas Make-Up und Puder ins Gesicht, damit man im Licht der TV-Strahler nicht so glänzt.

Mein Standardspruch beim Schminken: „Bitte fünf Jahre jünger!" Die Visagisten lächeln inzwischen milde. Am Ende geht's eh um Meinung und nicht um Make-Up. Am Tag zuvor ruft in aller Regel der Moderator Thomas Helmer an und präzisiert die Themen. Bayern, Videobeweis, Nordderby: Manchmal liegen die Themen auf der Hand. In der Garderobe gehen die Diskussionen meistens schon los. Ohne TV-Kamera ist jeder per Du und komplett zugänglich.

„Ich habe gehört, dass ..." ist eine beliebte Floskel. Alle wissen: Was hier gesprochen wird, verlässt den Raum nicht. Irgendwann, so fünf Minuten vor der Sendung, wenn die Mikrofone schon angeschlossen und befestigt sind, werden wir von der Garderobe zur Bühne geführt. Eine letzte Nachfrage, ob wir genügend Münzen fürs Phrasenschwein haben. Ja, alles klar. Weiter geht's! Dutzende Fußballfans in der Halle warten ungeduldig auf den Beginn der Sendung. Die Sitzplätze sind uns zugewiesen; aussuchen dürfen wir die als Gäste nicht. Während wir es uns bequem machen und ein letztes Mal die E-Mails auf dem Handy checken, bringt Thomas Helmer das Publikum in Laune. Er macht das richtig gut. Und immer mit denselben Sprüchen. Sein bester Spruch: Er fragt ein Pärchen, ob die zwei zusammen sind – wenn einer bejaht, hakt er nach: „Warum weiß dein Gesicht nichts davon?"

Die Leute prusten. Eine andere Frau fragt er: „Habt Ihr Kinder?" Wenn sie verneint, kontert er mit dem Fingerzeig auf ihren Partner: „Stellt er sich zu blöd an?" Einen Fan hat er mal besonders hart aufs Korn genommen: „Du trägst Lederhosen und ein Hoffenheim-Trikot – was ist in deinem Leben schiefgelaufen?" Die Fans lieben die Kalauer. Der Doppelpass ist mit seinen Fußballthemen der visualisierte Stammtisch am Sonntagmorgen.

Um Punkt elf geht es los. Der Bundesliga-Gast (oft ein Bundesliga-Manager, selten ein Bundesliga-Spieler) wird in einem Volkswagen vorgefahren, weil es der Sponsor so möchte, und darf die erste Frage beantworten. Danach werden wir Journalisten, die wir schon in unseren Sesseln sitzen, einzeln vorgestellt. Jetzt freundlich in die Kamera 1 schauen und lächeln – am Sonntagmorgen eine echte Herausforderung.

Warten auf den ersten Satz. Fehlerfrei vorgetragen. Und das Lampenfieber ist weg. Normalerweise gehe ich durchaus ambitioniert in die Sendung und vertrete an Thomas Helmers Seite mutige Thesen. Wenn Fernsehprofis in der Gästerunde sitzen, nehme ich mich zurück. Johannes B. Kerner zum Beispiel ist ein hervorragender Fernsehmann, der das Spiel mit der Kamera und dem Publikum perfekt beherrscht.

Einen Beifall nach dem anderen holte er sich damals ab, als ich mit ihm beim Doppelpass saß. Das beeindruckte mich dann doch. Ich ziehe mich in solchen Situationen aufs Fachliche zurück, erkläre zum Beispiel in aller Ruhe die neue Lage beim FC Bayern und das Problem bei der Verpflichtung eines Trainers. Fachlich weiß ich in solchen Runden zu glänzen. Auch wenn Kerner zur Höchstform aufläuft.

Wer besonders angenehm ist: Armin Veh. Als Trainer hat er nicht nur alle Abgründe des Geschäfts gesehen und darüber reflektiert. Jede Minute merkte man, als er beim Doppelpass regelmäßig Experte war, wie wissbegierig er ist und wie sehr er den Austausch mit uns Journalisten schätzt. Er hört immer aufmerksam zu. Auch wenn die Kameras während der Werbepause ausgeschaltet sind. Veh redet stets auf Augenhöhe.

Manchmal lese ich heftige Kritik an Thomas Helmer. Ich kann das überhaupt nicht verstehen. In der Sendung tut er alles, damit seine Gäste zur Geltung kommen. Er provoziert nicht. Bringt keinen in Verlegenheit. Versteht die Körpersprache, wenn man etwas sagen will. Oder lieber schweigt. Ein guter Gastgeber! Seine Vorgänger Rudi Brückner und Jörg Wontorra konnten das auch. Anders geht es nicht in einer Talksendung, wo Leute sitzen, die sonst im Büro arbeiten.

Richtig munter wird es, wenn es in die Werbepausen geht. Das Weißbier, das am Tresen in der Lobby ausgeschenkt wird, zeigt Wirkung: Einzelne Zuschauer aus dem Publikum nehmen allen Mut zusammen und entern für einen Moment die Bühne. Ein Autogramm hier, ein schnelles Selfie da – sogar ich werde gefragt. Es ist mir ein wenig unangenehm. Aber soll ich Nein sagen? Okay, zugegeben: Die Nachfrage schmeichelt dem Ego.

Der eigentliche Star der Sendung ist Ruth Hofmann am Pult neben der Bühne. Sie ist permanent mit den Internet-Foren auf Sport1 verbunden und liest, welcher Gast gerade kritisiert wird (meistens ich, logisch). Fußballfans neigen dazu, dass sie Frauen bei einer Talkshow schwerlich akzeptieren können. Bei Ruth Hofmann ist das anders: Ihr Fußballwissen ist unbestritten. Außerdem sehen die Fernsehzuschauer sie gerne.

Inzwischen dauert eine Sendung über zweieinhalb Stunden. Mir persönlich ist das ein bisschen zu lang. Irgendwann geht wahlweise die Konzentration oder die Dringlichkeit von Themen verloren. Es geht wohl nicht anders. Seit einiger Zeit sendet die Konkurrenz auf dem Fernsehsender Sky zeitgleich einen Talk. Thomas Helmer muss sein Millionenpublikum bei Laune halten und zum Mitdiskutieren anregen. Je länger, desto besser.

Nach der Sendung gehen alle Gäste ins angrenzende Restaurant. Ein langer Tisch ist eingedeckt. Es gibt Weißwurst und Weißbier. Und nicht selten erfährt man hier, was der eine oder andere in der Sendung lieber verschwiegen hat. Doch davon: kein Wort in der Öffentlichkeit. Ich setze mich aus Prinzip seit meiner ersten Doppelpass-Sendung vor 20 Jahren auf einen ganz bestimmten Stuhl: den vorletzten in der Reihe links.

Auf den Platz, wo ich früher immer neben Udo Lattek gesessen habe. Ich habe ihn, den ehemaligen Bayern-Trainer und DSF-Experten, verehrt. Und ich darf sagen, dass er mich gemocht hat. Mit keinem konnte ich so unterhaltsam über Fußball reden wie mit ihm. Was hat er mir schon Anekdoten erzählt! Wenn ich fragte, wann ich denn seine Tochter kennenlernen dürfe, sagte er nur: „Du dumme Sau! Ich hacke dir beide Arme ab." Dann haben wir ein Bier miteinander getrunken. Er fehlt mir. Bei jeder einzelnen Doppelpass-Sendung. Und wenn ich meinen Stuhl einnehme, gedenke ich seiner.

Bleibt die Frage, warum man als schreibender Kollege überhaupt in eine Fernsehsendung geht. Besteht nicht der Sinn unseres Berufs darin, Informationen zusammenzutragen und im eigenen Medium unter die Leute zu bringen? Das ist schon richtig, ja. Notwendig ist so ein TV-Auftritt trotzdem.

Die persönliche Meinungsäußerung vor einem Millionenpublikum erhöht zum einen den Glauben in der eigenen Leserschaft, dass hinter dem Geschriebenen ein kompetenter Kopf steckt. Zum anderen wird der Auftritt im Doppelpass auch innerhalb der Bundesliga sehr wohl zur Kenntnis genommen. Hier sitzt nur, wer was zu sagen hat. Ich spüre es anschließend bei jedem Interview: Geäußerte Fragen werden vertieft oder hinterfragt, die Ansichten geteilt oder bestritten.

In jedem Fall: Das Ansehen beim Interviewpartner steigt. Man ist wer. Übrigens auch im eigenen Haus. Bei Axel Springer habe ich es erlebt. Jahrelang schrieb ich Hunderte von Artikel in Sport-Bild. Aber nachdem ich 1997 das erste Mal beim Doppelpass saß, damals noch bei Rudi Brückner, begrüßte mich der Herr am Empfang des Verlagshauses zum allerersten Mal mit Namen: „Guten Morgen, Herr Gottschalk!" Seitdem wusste ich: Der Doppelpass ist wichtig.

Wann ist eine Nachricht eine Nachricht?

Die Zerrissenheit zwischen Sorgfalt und Geschwindigkeit

Wir stellten uns am Abend auf eine unterhaltsame Auslosung zur Champions League ein. Aber plötzlich wurde zur Nebensache, gegen wen Borussia Dortmund, der FC Bayern München und RB Leipzig in der Gruppenphase spielen. Zumindest tief im Westen: der Dortmunder Ousmane Dembélé doch zum FC Barcelona, der Schalker Benedikt Höwedes vermutlich zu Juventus Turin – die Nachrichten und Gerüchte überschlugen sich an jenem Sommertag bei Funke Sport.

Da muss man kühlen Kopf bewahren. Keine Bestätigung, dass der Dembélé-Deal tatsächlich perfekt ist – verstanden. Kein Angebot vom italienischen Meister – Höwedes immer noch Schalker. Trotzdem stehen beide Wechsel vor dem Abschluss, keine Frage. Wie weit darf man also Spekulationen, Andeutungen oder Hintergrundinformationen für bare Münze nehmen? Wie schnell kann die Nachrichtenlage über Nacht überholt sein?

Oder anders gefragt: Welches Spiel treiben die Spielerberater mit ihren Hinweisen? Das ist unser Berufsalltag. Nur geht es inzwischen um dreistellige Millionensummen. Den ganzen Abend blieb meine Truppe in der Redaktion am Europa-Center in Essen zusammen, um Antworten auf diese und mehr Fragen zu bekommen. Die Luft brannte. Einerseits will man absolut zuverlässig sein; andererseits am schnellsten, wenn etwas passiert. Jeder Anruf, jede SMS aus dem Netzwerk kann entscheidend sein. Mit anderen Worten: Wir hatten unglaublich viel Spaß an diesem Abend. Denn es gibt wohl keinen schöneren Moment, als der Wahrheit, was die Klubs angeht, schrittweise näherzukommen.

Bleiben wir beim Fall Dembélé. Spielerberater erzählten mir, dass der Transfer zum FC Barcelona vor dem Abschluss stehe. Anwohner meldeten sich, dass sie am Haus einen Möbeltransporter gesehen hätten. Kollegen twitterten ohne Belege Vollzug. Aber: Noch immer keine Bestätigung. In diesem Fall musste man besonders vorsichtig sein.

Borussia Dortmund wird an der Börse notiert. Das bedeutet: Jede Information beeinflusst den Aktienkurs. Wie fatal die Auswirkungen einer

Falschinformation sein können, habe ich Jahre zuvor bei der Tageszeitung „Die Welt" erlebt. Mein Reporter hatte die Information gesteckt bekommen, dass die Rechte an der Champions League wechseln würden. Er veröffentlichte die Information in einem Text. Als seine Nachricht auf dem Markt war, brach der Aktienkurs des Rechteinhabers ein. Prompt folgte das Dementi. Der Kurs erholte sich. Aber Hunderte von Aktionären machten uns sofort Vorwürfe: Sie hatten im Zuge dieser Turbulenzen hohe Geldsummen verloren.

Umgehend meldete sich die Finanzaufsicht, um den Fall zu prüfen: Lag eine absichtliche Kursmanipulation des Reporters vor? Natürlich nicht. Er war, was passieren kann, einer Falschinformation aufgesessen. Womöglich einer bewusst gestreuten Fehlinformation. Der Chefredakteur verlangte trotzdem personelle Konsequenzen von mir.

Das sollte bei Dembélé nicht erneut passieren. Was uns Sicherheit gab: Bei ausländischen Spielern, die mehr als 50 Millionen Euro Ablöse einbringen könnten, muss der BVB eine Pflichtmitteilung an der Börse veröffentlichen. Wir wussten also: Der Transfer kann nicht perfekt sein, solange der Klub keinen Vollzug meldet – er darf nichts zurückhalten.

Anders bei Benedikt Höwedes. Schalke 04 ist ein eingetragener Verein, bei dem vieles noch so läuft, wie man es seit Jahren kennt. Informationen vom Hörensagen. Bewusst gesetzte Indiskretionen. Falsches Spiel. Schalke wollte sich nicht nachsagen lassen, dass der Kapitän und Fanliebling, der Weltmeister von 2014, abgeschoben wird.

Gleichzeitig ließ das Management keinen Zweifel: Höwedes passt nicht mehr ins Spielsystem des neuen Trainers Domenico Tedesco. Die Nachrichtenhoheit lag hier beim Verein wie beim Spieler. Jetzt ging es um die Meinungshoheit: Wie würde der Transfer aufgefasst werden? Erst wenn die Kommunikation geregelt ist, wird der Abschied offiziell.

Hier geht es zwar nicht um eine Börsennotierung, aber um Glaubwürdigkeit. Wie sollen Leser den Journalisten glauben, wenn jede Information leichtfertig weitergereicht wird. Glaubwürdigkeit ist ein hohes Gut: In solchen Moment muss man es verteidigen und sich nicht verlocken lassen.

Mit einem Freund von Benedikt Höwedes traf ich mich im Restaurant „Vapiano" am Grillo-Theater in Essen. Ich wollte Details zu den Absichten des Spielers, er eine gute Presse. Also tastete ich mich Satz für Satz an die Wahrheit heran. Dass der Trainer mit dem Feuer spielt. Dass die Italiener den Manndecker zu schätzen wissen. Der Vereinsname fiel nicht. Nur dass der Verein eine Tradition habe, die mit Schalke zu vergleichen ist. Sofort begriff ich: In den Kategorien des FC Schalke kann es sich nur um Juventus Turin handeln, um den italienischen Rekordmeister. An dieser Stelle ist Lachen erlaubt. Mit Instinkt kommt man der Wahrheit auch näher.

Der Rest ist Handwerk. Nachfragen bei Leuten im Verein, die es wissen könnten. Heraushören, ob sie abwiegeln (dann stimmt die Info) oder aufrichtig dementieren (dann eher nicht). So viel kann ich sagen: Es war Juventus. Keine Ahnung, ob die Leser diese Arbeit würdigen. Sie lesen die News bei uns oder bei Kollegen von „Bild" oder „Kicker" und wissen wohl schon nach ein paar Minuten nicht mehr, wo die Information ursprünglich stand.

In den digitalen Zeiten werden die News schlagartig von Plattformen wie beispielsweise Onefootball unters Volk gestreut, mit allen Wendungen und Verläufen, für die anderswo Reporter Überstunden klopfen. Kein Vorwurf: So sind die digitalen Zeiten eben.

Warum ich das alles aber schreibe: Erstens um zu zeigen, dass es immer noch Sportjournalisten gibt, die ihren Beruf im Sinne der Leser ernst nehmen. Und zweitens um zu bitten, dass Leser und User nicht jedes Mal den Untergang des Abendlands heraufbeschwören und die Zurechnungsfähigkeit von Journalisten infrage stellen, wenn in der Hitze der Recherchen oder im Alltag des Geschäfts ein Fehler oder ein Missverständnis passiert. Natürlich werden auch Fehlinformationen in die Welt gesetzt. Absichtlich macht das in seriösen Medien keiner. Dass Überschriften zu häufig überhitzt sind: Das stimmt. Umso wichtiger ist unsere Sorgfalt.

An jenem Abend ging alles gut. Wir wussten Bescheid wie bei den drei Trainerwechseln im Revier zuvor und haben unsere Leser auf dem Laufenden gehalten. Und natürlich waren wir nicht die einzigen. „Kicker", „Bild", „RevierSport", „Sport Bild" und die vielen anderen Kollegen in den lokalen, regionalen und nationalen Zeitungen und Zeitschriften: Wir alle versuchen aufrichtig, unsere Meinungsstärke mit Nachrichtenstärke zu untermauern. Jeder auf seine Weise, jeder mit eigenem Zugang, wie er das Thema anpackt.

Eigenartig sind allerdings die zunehmend krasser werdenden Reaktionen: Ständig werden wir Journalisten angefeindet, nicht selten persönlich verspottet. Von Leuten, die meinen, sie wüssten alles besser – und das Geschehen nur am Fernsehgerät oder von der Tribüne aus verfolgen. Gemütliche Meinungsmache ohne Faktenkenntnis, immer hemmungsloser geschriebene Kommentare, die schleichende Entwertung nachrichtlicher Recherchen und Erkenntnisse: Tendenzen, gegen die sich der Journalismus stemmen muss!

Der perfekte Nachwuchsreporter

Er muss unbedingt eine Nervensäge sein

Der perfekte Nachwuchsjournalist schüttelt jeden Morgen in der Konferenz drei Exklusiv-Nachrichten aus dem Ärmel, redigiert anschließend die Aufmacher-Geschichte des Chefreporters und doziert in der Schlussredaktion über die Zukunft von Qualitätsjournalismus, nachdem er dem Chefredakteur drei Themenansätze für die Kommentarspalte geliefert hat. Bestenfalls hat er 100.000 Follower auf Twitter und erreicht bei Facebook die Grenze von 5000 Freundschaften. Am Abend, wenn der Ressortleiter den perfekten Nachwuchsjournalisten im schwachen Licht der Schreibtischlampe zurücklässt, stehen alle Dienstwagen frisch gewaschen in der Tiefgarage.

Ja, es gibt ihn, diesen perfekten Nachwuchsjournalisten – den einen, der alles kann. Den einen, der jeden kennt und grüßt. Den einen, der alles seit Gründung der WM-Geschichte 1930 weiß und rezitieren kann. Und der am Ende selbst auf dem Chefsessel sitzt, wenn der Generationswechsel vollzogen ist, und so einen Unsinn schreibt wie ich jetzt gerade.

Tatsache ist leider: Jeder Sportchef, der was auf sich hält, sucht diesen einen perfekten Nachwuchsjournalisten wirklich. Er will ihn fördern und groß machen, er will ihn zum jungen Abbild seiner selbst formen, zu einer Perfektion erziehen, die er wahrscheinlich selbst nie erreicht hat, warum auch immer.

Manchmal vermutet er den perfekten Nachwuchsjournalisten in Gestalt des neuen Praktikanten, der für ein paar Wochen da ist. Gelegentlich will er ihn beim Plausch in der Kantine erkannt haben, und jedes Mal: diese Enttäuschung! Er sucht und sucht und gibt nicht auf. Ganz ehrlich: Die Suche eskaliert zu einer sinnlosen Lebensaufgabe.

Und solange er sucht, der Sportchef, tröstet ihn eine Riege von Nachwuchsjournalisten, die es ihm niemals recht machen kann. Mal hat er den Eindruck: Da verschleudert einer sein Talent! Mal denkt er: Will der mich veräppeln? Es ist schon vorgekommen, dass ich einen Volontär am Morgen zurück nach Hause geschickt habe. Kürzlich noch in Essen.

Diese nicht perfekten Nachwuchsjournalisten wollen einfach nicht wissen, was die Alten kurz vor der Währungsreform erlebt haben, wollen nicht kapieren, was eine gute Geschichte ausmacht, und vor allem: Die haben nur abstruse Ideen, die völlig am Leser vorbeigehen. Herrje, gibt's den perfekten Nachwuchsjournalisten etwa nicht?

Man merkt es hoffentlich sofort: Ich übertreibe. Was stimmt: Alle Nachwuchsleute, die als Volontär oder Praktikant geführt werden, sollen mindestens zwei Monate lang in meiner Redaktion arbeiten. Aus gutem Grund. Im ersten Monat stehen sie hilflos im Datenfluss eines Redaktionsbetriebes, der Qualität mathematisch definiert: Leistung gleich Arbeit durch Zeit.

Im zweiten Monat stellt sich heraus, wer nicht nur Talent und Einstellung, sondern auch das Zeug hat, in diesem Strom nicht nur mitzuschwimmen. Wenn einmal akzeptiert ist, dass es diesen einen perfekten Nachwuchsjournalisten nicht gibt, ist die erste Voraussetzung für einen harmonischen Karrierestart erfüllt.

Meine Anforderungen an einen Sportreporter sind hoch. Junge Sportreporter müssen Nervensägen sein, kleine Revoluzzer. Wer kapiert, wie er mit persönlichen Qualitätsmerkmalen Defizite der Redaktion wettmachen oder Stärken der Redaktion absichern kann, wird in meiner Mannschaft immer seinen Platz finden. Der ist für mich perfekt. Aber was heißt das?

Im ersten Monat müssen Nachwuchsjournalisten ihre Berufung als sinnliches Erlebnis verstehen – als Herausforderung für alle fünf Sinnesorgane. Mit der Hilfskonstruktion über die Sinnesorgane werden im ersten Monat fünf Fähigkeiten getestet und geschult: Beobachtungsgabe, politisches Denken, Durchsetzungsvermögen, Themeneinschätzung, Skepsis.

Augen: Er muss schauen, wie der Hase läuft, Gesichter beobachten, Vorgänge, Reaktionen. Über die Augen schult der Nachwuchsjournalist im unmittelbaren und direkten Umfeld einer Redaktionsgemeinschaft seine Beobachtungsgabe, um später seinen Reportagen Leben zu schenken; über die Augen speichert er Details, die zu Mosaiksteinchen werden können.

Ohren: Er muss Zwischentöne unterscheiden können, das gesprochene Ja vom gemeinten Nein. Und umgekehrt. An der Sprechweise ist die Beziehung von Menschen zu erkennen, nicht unbedingt an Worten. Über die Ohren schult der Nachwuchsjournalist sein politisches Denken, seinen Seismografen, der anschlägt, wenn ein Gesprächspartner flunkert.

Zunge: Reden ist wichtig, manchmal wichtiger als Schreiben, und es kommt darauf an, dabei den Geschmackssinn zu treffen, zunächst den der Entscheider, dann den der Leser. Was nützt die beste Geschichte, wenn sie nicht vortrefflich vorgetragen wird, durchaus opportun, damit sie gedruckt wird. Sportreporter brauchen Durchsetzungsvermögen.

Haut: Ob einen die Geschichte, die vorgeschlagen wird, tatsächlich packt, spürt man schnell. Sie geht einem „unter die Haut". Oder eben nicht. Während der sogenannte „Küchenzuruf", den Medienfachleute propagieren, vor allem faktisch das Interesse an einer Geschichte abklopft, verrät der Hautfaktor den Grad der Emotion des zu erzählenden Stoffs.

Nase: Das kann nur metaphorisch gemeint sein. Ein gutes Näschen für Geschichten zu haben, bedeutet nur: beim Recherchieren ein überraschendes Ergebnis mit Nachrichtenwert zu erzielen; alles zu hinterfragen, was zunächst schlüssig dargestellt wird und in sich logisch erscheint. Über sein Näschen verfeinert der Nachwuchsjournalist seine Skepsis.

Nun darf man nicht glauben, schon nach vier Wochen Perfektion erreichen zu können. Wenn ein perfekter Journalist 100 Werkzeuge beherrscht, lernt ein Nachwuchsjournalist im ersten Monat fünf kennen. Wenn er Pech hat, seine ersten fünf; wenn er Glück hat, weitere fünf. Mit diesen fünf Fähigkeiten bringt man gute Voraussetzungen für den zweiten Monat mit.

Die Redaktionsarbeit beginnt spätestens um zehn. Die Morgenkonferenz muss bei mir nach einem festen Schema ablaufen. Wir brauchen Antworten auf die Fragen: Wo stecken die News? Worüber wird diskutiert? An welchen Themen kommen wir aufgrund von Terminen und Veranstaltungen nicht vorbei? Was können wir beisteuern? Womit überraschen wir?

Als Sportchef sollte man nicht zwischen Redakteuren und Nachwuchsjournalisten unterscheiden. Es muss allein um die Geschichte gehen. Um das Thema. Nur wenn die Jungen mitreden, veraltet eine Redaktion nicht. Leider sind zu viele junge Sportreporter schüchtern geworden. Sei es durch Präsenz der Chefs. Oder aus Angst um den Arbeitsplatz.

Was kann man als Nachwuchsjournalist bei mir erreichen? Antwort: Alles oder nichts. Es gab Praktikanten, die sich auf den Blick über die Schulter der Redakteure beschränkt haben; deren Namen habe ich inzwischen vergessen. Und solche, die ihre Themenangebote selbstständig erarbeitet und hinterher umgesetzt haben; manche sind heute Redakteure.

Von mir als Sportchef kann es nur Hilfe zur Selbsthilfe geben. Eine Art Grundausbildung im ersten Monat. Und den Freiraum im zweiten Monat. Meinen Beruf verstehe ich als Berufung. Oder wie es mein früher Sportchef ausdrückte: „Die Frau eines Sportjournalisten ist eine Witwe, deren Mann noch lebt." Junge Sportreporter müssen frisch, frech, frei sein.

Frisch im Sinne von: querdenken, neue Perspektive, unbelastet, neugierig-naiv, voller Tatendrang, unverbraucht, offen, belebend, animierend, herausfordernd, witzig.

Frech im Sinne von: Sturm und Drang, Platzhirsche tötend, Grenzen überspringend, Themen ergreifend, unbegrenzt sein, aktiv, vorauseilend ungehorsam, Schlitzohr.

Frei im Sinne von: rund um die Uhr einsetzbar, ungebunden, geil auf Storys, aufs Schreiben, unabhängig im Denken, offener Blick.

Bei allen Erklärungen und Beschreibungen, was Nachwuchsjournalisten mitbringen sollen, um erfolgreich im Sportjournalismus arbeiten zu können, kam bislang eines nicht vor: der Sport. Auch das hat seinen guten Grund. Erst die Pflicht, dann die Kür: Journalismus verlangt den sauberen Pinselstrich, bevor der Expressionismus ruft.

Denn erstens ist der Grad fachspezifischer Kenntnisse als Voraussetzung für den Sportjournalismus abhängig von der Zielgruppe, für die man schreiben möchte. Und zweitens: Die Liebe zum Sport wird immer vorausgesetzt, wenn man in den Sportjournalismus drängt. Wie gesagt: Sportjournalismus ist kein Beruf, sondern Berufung.

Sportjournalisten müssen zwar heute einen Zugang zu medizinischen, juristischen und ökonomischen Fragen finden können (mindestens über Experten, die den Sachverhalt lesergerecht erklären). Aber am Ende geht es beim Sportjournalismus immer und ausschließlich um Menschen, die im Sport ihre Leistung bringen oder eben nicht, um Helden und Versager.

Darum die oben ausführliche Darlegung, welche Charaktereigenschaften bei Nachwuchsjournalisten gefragt sind. Die journalistische und sportjournalistische Kompetenz bildet sich bei den richtigen Grundvoraussetzungen zwangsläufig heraus, wenn die Nachwuchskräfte entsprechend geführt und angeleitet werden.

Der Weg zur guten Story folgt immer und sauber einem Schema, beim Nachrichtenmagazin Der Spiegel genauso wie bei der Reportage-Seite in der Süddeutschen Zeitung. Damit es anschaulich wird, habe ich versucht, die drei Schritte zu einer guten Reporter-Story zu visualisieren.

Die Recherche-Spirale

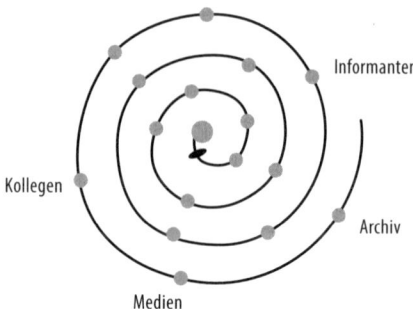

Die Grafik zeigt den Rechercheweg von außen nach innen. Ich verlange von Reportern – auch von den Nachwuchsjournalisten –, dass sie sich einem Thema schrittweise nähern, sich also mit Literatur, die Hintergrund liefert, und Wikipedia vorbereiten, bevor sie Innenansichten von Augenzeugen, Wegbegleitern oder den Protagonisten selbst einsammeln.

Am Ende der Recherche steht das so genannte „ODR", das Objekt der Recherche. Auf diesem Weg geht es nur darum, Informationen möglichst methodisch nachvollziehbar zusammenzutragen, mal als Jäger, mal als Sammler, natürlich immer im Einvernehmen mit dem Ehrenkodex des deutschen Presserates.

Diese Recherche ist Knochenarbeit. Quellen müssen dichthalten und deren Informationen trotzdem überprüft werden, was Geräusche in der Branche verursacht. Alle brisanten Zitate haben eine Anforderung: Sie dürfen nicht widerrufbar sein, wenn sie Exklusives, eine Einordnung oder einfach eine Meinung wiedergeben.

Kein Gesprächspartner soll sagen können: „Das habe ich anders gemeint." Oder: „Das wurde aus dem Zusammenhang gerissen." Die Autorisierung von brisanten Zitaten erfordert unglaublich viel Arbeit, erst recht, wenn Gesprächspartner kalte Füße bekommen; aber dieses Qualitätsmerkmal setzt Maßstäbe und erhöht das Maß an Zuverlässigkeit von Storys.

Für die meisten Nachwuchsjournalisten und leider für viele Redakteure ist dieser Anspruch an die Informationsquellen völlig neu. Daraus ergibt sich aber eine unglaublich glaubwürdige Stoffsammlung von Informationen, aus denen dann die Geschichte gebaut und im Layout lesergerecht optisch aufbereitet wird.

Die Stoffsammlung

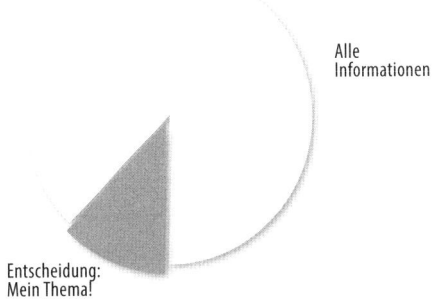

Alle
Informationen

Entscheidung:
Mein Thema!

Über die Fülle von Informationen muss eine Entscheidung getroffen werden: Was davon ist neu, was davon relevant, was davon für unsere Leser interessant? Für diese Entscheidung wird der Sportchef bezahlt. Er ist geübt darin, nach Sichtung aller vorhandenen Informationen, die bestenfalls vollständig sind, das Thema zu setzen.

Nachwuchsjournalisten sind ungeübt, brauchen also eine Anleitung, wo das Thema liegt. Hier hilft weder ein Studium noch Besserwisserei, hier helfen allein Talent und Praxis, beides auf dem Fundament der schon genannten Charaktereigenschaften, die zunächst beim Jagen und Sammeln (Recherche) und später bei der Themenfindung helfen.

Auf dem Boulevard gilt ein Grundsatz: Lieber kleine Nachrichten von großen Leuten als große Nachrichten von kleinen Leuten. Sicher gilt: Das Thema wird spannender, wenn es personifiziert wird. Daraus lässt sich fast zwangsläufig ableiten, welche Stilform am besten geeignet ist, das Thema und die Aussage des Textes zu transportieren.

Die Zukunft im Print gehört dem Feature, laut Wolf Schneider auch bei den Tageszeitungen. Ich meine, erst recht im Sport. Das hat etwas mit den elektronischen Medien zu tun: Was passiert ist, wird heute in größter Vielfalt im Fernsehen, Internet und Videotext schneller als von jeder Zeitung in der Welt berichtet und zugänglich gemacht.

Printtiteln kommt mit Verspätung die Aufgabe zu, alles, was passiert ist, einzuordnen und dem Leser eine Orientierung zu geben, wie und warum das passieren konnte. Heute gilt das für Zeitungen genauso wie für Magazine. Der Grad an exklusiven Nachrichten sinkt, je digitaler unsere Gesellschaft liest.

Das Feature

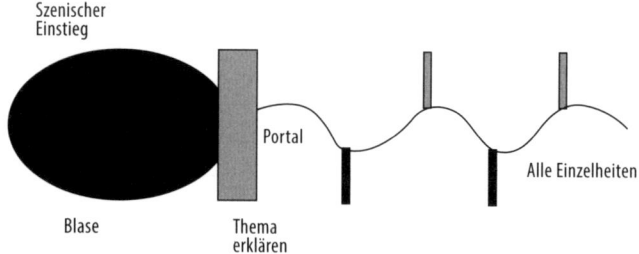

Der Aufbau des Features ist in diesem Modell von links nach rechts zu verstehen. Zentraler Punkt ist das Portal, das bei einem mittellangen Text im dritten oder vierten Absatz zu finden ist. Hier steckt das Thema fast wörtlich drin, das vorher im zweiten Schritt bestimmt worden war. Also, zum Beispiel:

„Die Hooligan-Szene wird zum Problem für Hertha, die Hooligans stiften zu Straftaten an.“

Mit diesem Thema im Kopf sucht man jetzt den szenischen Texteinstieg, der das relativ abstrakte Thema anschaulich an einem Beispiel schildert, beispielsweise so:

„Der Wecker klingelt, es ist acht Uhr. Heinz drückt den Wecker aus, dreht sich im Bett und schläft weiter. Wenn er Glück hat, steht er nicht um elf auf, um das erste Bier des Tages zu zischen. Denn wenn er angetrunken ist, steigen

ihm, dem erklärten Hooligan von Hertha BSC, dumme Gedanken in den Kopf. Letztes Mal hat er im Park so lange auf drei Jugendliche im Hertha-Trikot eingeredet, bis sie gemeinsam am Spieltag Pflastersteine auf den Fanbus aus Bremen warfen. Als die Polizei die drei Jungs schnappten, war Heinz längst weg. Die Hooligan-Szene wird zu einem …"

An dieser Stelle öffnet sich das Portal: Ich verstehe, warum die Beschreibung vorher (Blase) relevant für mich gewesen ist – ich erkenne die Dimension des Raumes. Danach kann ich alle Einzelheiten, die zu meinem Thema wichtig sind, spannend im Wechselspiel von Zitaten, Nachrichten, Beschreibungen und Einordnungen aufbereiten. Die Menükarte ist vielseitig.

Diese rein journalistische Umsetzung eines sauber recherchierten Themas ist in seiner Machart leicht auf den Sport zu übertragen. Hält man den vorgeschriebenen Weg von Schritt eins bis drei penibel ein, ergibt sich die Sportkompetenz in der jeweiligen Sportart anhand journalistischer Werkzeuge, die man einsetzt, um sich ein Thema zu erschließen.

Konkret bedeutet das das: Beim Nachwuchs schaue ich bei den Charaktereigenschaften sofort auf die journalistischen Fähigkeiten, zunächst weniger auf sportmedizinische oder juristische Qualifikationen; die Eroberung von einnehmbarem Terrain (persönlicher USP) kommt später. Und hier spielt es eine Rolle, wohin Neigung und Vorliebe zielen.

Schuften im Stadion

Ein Notizblock allein reicht längst nicht mehr
am Bundesliga-Spieltag

Als der FC Bayern München kürzlich zu Gast in Dortmund war, saßen wir zu dritt im Westfalenstadion. Konkret: die Reporter Daniel Berg, Sebastian Weßling und ich. An einem solchen Arbeitstag bin ich nicht der Chef, sondern der Kollege, der gefälligst zu schreiben und nicht nur zu bestimmen hat.

Wie Sportreporter heutzutage über Top-Spiele berichten, will ich an einem Beispiel zeigen.

Wir Sportreporter müssen an einem solchen Samstagabend Hand in Hand arbeiten, um zeitnah unsere drei Online-Portale und die ePaper-Ausgaben in Nordrhein-Westfalen wahlweise mit Texten, Schnappschüssen, Videos und Tweets zu beliefern. Am besten in Echtzeit. Fußball hat in NRW ein Millionenpublikum. Und wehe, du bist zu langsam. Dann suchen die Leser ihren Stoff woanders.

Denn längst ist es nicht mehr damit getan, dass Reporter zu einem Fußballspiel fahren, auf der Pressetribüne ein paar Notizen machen und am nächsten Tag einen Spielbericht für die Zeitung schreiben. So war es früher. Bei einem Derby haben wir mal durchgezählt: 23 Storys sind kurz vor und dann nach dem Spiel entstanden und veröffentlicht worden. 23!

Alle Facetten werden unseren Lesern dargeboten: von der Aufstellung beider Mannschaften über die Analyse des Spiels bis zu den Reaktionen auf das Resultat und den Nebensächlichkeiten jenseits des Rasens. Einerseits erleichtern uns die Vereine die Arbeit. Andererseits sind die Vereine inzwischen selbst Medienschaffende und damit Konkurrenz. Aber dazu komme ich später.

Für ein Bundesliga-Spiel bekommen wir jeweils eine Eintrittskarte mit bester Sicht aufs Spielfeld und einen Parkschein, damit wir Journalisten ungehindert ins Stadion gelangen. Vor allem für die Fotografen sind kurze Wege wichtig. Die Ausrüstung ist schwer und der Gang durch die Fanmassen nicht immer angenehm; Bier macht angriffslustig.

Am Stadioneingang werden wir wie jeder Zuschauer kontrolliert und müssen unsere Arbeitstaschen öffnen. Unser Glück: Wir haben einen Sondereingang, damit wir vergleichsweise zügig den Presseraum erreichen. Unser Terrain. Im Presseraum tummeln sich alle, die über das Spiel berichten. Meistens findet ein großes Wiedersehen mit Kollegen statt, die mit dem Gastverein angereist sind. Spielt Bayern München im Westen, freue ich mich jedes Mal auf Christian Falk. Ich habe ihn vor zig Jahren als jungen Mann zu Sport Bild gelotst. Inzwischen ist er ein Starreporter in München und hatte zum Beispiel die Nachricht von der Rückkehr von Jupp Heynckes exklusiv.

Meistens werden wir mitten im Smalltalk kurz von dem abgelenkt, was auf den Monitoren über unseren Köpfen passiert. Während vor dem Anpfiff bei einem Top-Spiel die ersten Informationen verarbeiten, läuft die Bundesliga-Konferenz bei Sky. Frotzeleien mit den Kollegen vom Sport-Informationsdienst gehören dazu.

Bei der Verpflegung im Presseraum meint es der BVB gut mit den Journalisten. Es kann ja ein langer Abend werden. Es gibt Pasta und traditionell Currywurst, kalte Getränke und ganz viel Kaffee – alles umsonst. Nun muss man nicht meinen, dass unsere Dienstreise ein Ausflug ist. Jeder Journalist, der was auf sich hält, lauert auf seine Geschichte.

Beim Bayern-Spiel kam Hans-Peter Renner hinein. Der Pressesprecher vom Rekordmeister. Ich kenne ihn seit 25 Jahren. Wir begrüßten uns herzlich, plauderten ein bisschen. Und dann erzählte er mir, wo seine Bayern übernachten: nicht in einem Luxushotel, wie man es hätte erwarten können, sondern in der Sportschule Kaiserau.

Die millionenschweren Fußballprofis gemeinsam in einem Quartier mit Leichtathleten und Tischtennisspielern: Später wird mir die harmlose Information eine kurze Erwähnung wert sein. Man mag eine solche Nebensächlichkeit für eine Petitesse halten. Aber darin unterscheiden sich gute Storys von den schlechten: an der Summe von Details, die ein Gesamtbild ergeben.

Wer arbeitet und schon bereit ist für die ersten Vorberichte, findet in einem benachbarten Raum, wo später die Pressekonferenz stattfindet, einen Rückzugsort. Regelmäßig lässt sich dort vor dem Spiel BVB-Kommunikationsdirektor Sascha Fligge blicken. Er kann letzte Informationen zur Aufstellung geben, bevor die Startelf offiziell bekanntgemacht wird.

Die Aufstellung erhalten wir auf einem DIN-A3-Blatt, auf dem ebenfalls Statistiken zur Begegnung aufgeführt sind. Wenn man bei Twitter Fotos von den Mannschaftsaufstellungen sieht: Häufig stammen sie von diesem Blatt Papier. Reporter, die einen Zugang zur Mannschaft pflegen, werden von der offiziellen Bekanntgabe der Aufstellung nicht überrascht. Vom Presseraum im Signal Iduna Park sind es nur wenige Meter bis zur Pressetribüne. Mit dem Fahrstuhl zwei Stockwerke runter, ein paar Schritte hinüber zu Block 48 auf der Osttribüne, vorbei am Sky-Pult, wo entweder Wolff-Christoph Fuss oder Kai Dittmann ihren Live-Auftritt proben, dann nach links in die Reihe 29. Neben uns sitzen die Kicker-Kollegen. Für einen Plausch reicht die Zeit immer. Auch hier: alles bestens vom Verein vorbereitet. Wir von der schreibenden Zunft haben einen Tisch, auf dem wir Laptop und Unterlagen ausbreiten können, und Steckdosen für die Stromversorgung. Ein W-LAN sorgt dafür, dass wir mit der Redaktion in Essen permanent verbunden sind. Das ist wichtig.

Wenn alles glatt gelaufen ist wie beim Bayern-Spiel, sind die ersten Texte schon vor dem Anpfiff online. Personalien aus dem Kader. Prognosen und Feststellungen zur Mannschaftsaufstellung. Eindrücke von Fan-Hotspots. Kleine Beobachtungen vom Weg ins Stadion. Hintergrund zum Fanprotest gegen den DFB. Phase eins in der Spielberichterstattung ist damit abgeschlossen.

Nicht immer ist aus journalistischer Sicht alles gleich wichtig, was wir zu diesem Zeitpunkt geschrieben haben. Aber manchmal sind wir selbst überrascht, wofür sich unsere Leser interessieren. In der Redaktion gibt es einen Witz: Man müsse nur in Großbuchstaben schreiben, Schalke knipse das Flutlicht an – sofort strömten die Leute auf die Website.

Als wir auf Schalke mal berichteten, dass der Stadionsprecher einen Autofahrer sucht, der seinen Wagen mit laufendem Motor auf dem Parkplatz zurückgelassen hat („Ich weiß nicht, was mit dir los ist, Kollege"), stürmten die User den Online-Beitrag. Die Analyse zum Spiel: in diesem Moment nebensächlich.

Auch müssen wir bei unseren Texten bedenken, für wen wir schreiben. Online-Leser erwarten eine besondere Textqualität bei der WAZ, eine Basisnähe beim RevierSport und eine unterhaltsame Aufmachung bei DerWesten. Ständig halten wir vor dem Spiel Rücksprache mit dem

Innendienst in Essen: Worüber spricht das Netz? Nicht nur diese Frage hält den Puls hoch.

Welche inhaltlichen Lücken können wir aus dem Stadion heraus schließen? Müssen wir Informationen, die im Fernsehen gesendet worden sind, ergänzen, einordnen oder erwidern? Alle Sportreporter sind mit Smartphone und Laptop ausgerüstet, um sofort reagieren zu können. Online-Integration wird bei uns gelebt. Zeit- und Konkurrenzdruck besteht dadurch ständig.

Nicht zuletzt wegen der Vereine. Große Klubs wie Bayern München, Borussia Dortmund und Schalke 04 unterhalten eigene Redaktionen, um die Fans mit Informationen aus erster Hand zu beliefern. Denn das ist ihr Vorteil: Sie kommen fast jederzeit an die Spieler heran. Wir meistens nur zu den vorgegebenen Gesprächszeiten. Das ist ein Nachteil.

Früher konnte ich die Spieler auf dem Handy anrufen und Sachverhalte persönlich klären. Markus Hörwick, früher Pressesprecher beim FC Bayern, schickte uns vor Saisonbeginn ein Fax mit allen Handynummern der Spieler, damit wir notfalls anrufen können. Heutzutage wollen die Pressesprecher die Kontrolle behalten und den Zugang steuern. Da gibt es keine Nummern mehr.

Aus der Sicht eines Millionenunternehmens: verständlich. Aus unserer Sicht der Presse: total doof. Aber wir arrangieren uns mit den Kommunikationsabteilungen. Die verstehen schon, dass eine kritische Presse wichtig ist, um die eigene Arbeit im Verein auf den Prüfstand zu stellen, und ermöglichen uns persönliche Termine mit dem Trainer und den Spielern.

Wir können die Dinge dann im direkten Gespräch hinterfragen und einordnen, öffentlich und manchmal vertraulich; das ist unser Job. Und den können wir besser als diejenigen, die den Besuch einer Pressekonferenz für die Endstufe im Berufsleben halten.

Zurück ins Stadion. Wir von Funke Sport schreiben nicht nur für Online-Portale, sondern auch für zwölf Tageszeitungen in Deutschland. In Nordrhein-Westfalen von der NRZ im Westen über die Westdeutsche Allgemeine Zeitung (WAZ) im Pott bis zur Westfalenpost im Osten des Bundeslandes, dazu WR und IKZ plus RevierSport.

Außerdem im Portfolio: das Hamburger Abendblatt und die Berliner Morgenpost sowie die Funke-Zeitungen im Raum Braunschweig/Wolfsburg und drei Titel in Thüringen. Das Besondere an Print: Der Platz ist begrenzt. Es kann passieren, dass derselbe aktuelle Spielbericht in drei verschiedenen Textlängen verfasst werden muss.

Schwerpunkt und Textlängen sind abhängig vom Format der jeweiligen Zeitung und der Ausrichtung für das Verbreitungsgebiet. Schalke interessiert in Thüringen halt nur bedingt. Vielleicht erklärt das, warum wir beim Bayern-Spiel mit drei, beim Revier-Derby sogar mit fünf Sportreportern im Stadion für diese zweite Phase der Spielberichterstattung sitzen. Jeder Kanal muss professionell mit Texten beliefert werden. Beim Bayern-Spiel teilten wir uns die Arbeit so auf: Sebastian Weßling textet den Aufmacher, Daniel Berg die Einzelkritik, ich den Kommentar. Ablieferung: sekundengenau mit dem Schlusspfiff in allen gewünschten Textlängen, das heißt: Sobald der Schiedsrichter pfeift, drücken wir vom Laptop aus auf Senden.

Während des Spiels lesen wir die Entwürfe wechselseitig Korrektur, um Widersprüche in der Bewertung von Szenen zu vermeiden; nebenbei läuft Sky auf dem iPad, damit wir unsere Urteile mithilfe von Zeitlupen überprüfen können. Facebook, Twitter und Instagram: Alles wird in Echtzeit bespielt. Unser Adrenalinspiegel beim Spiel: hoch. Sehr hoch.

Nach dem Schlusspfiff muss alles rasch gehen. Rücksprache in der Redaktion: Alles angekommen? Ja! Dann zwei von uns in die Mixed Zone zu den Spielern, einer in die Pressekonferenz zu den Trainern. Jetzt beginnt die inzwischen dritte Phase für uns Journalisten beim Spiel: die Vertiefung von dem, was wir gesehen haben.

Die Mixed Zone ist ein Bereich vor den Umkleidekabine, in dem man die Spieler, bevor sie das Stadion verlassen, zum Spiel befragen kann. Der Spieler selbst entscheidet, ob er stehen bleibt und etwas sagt. Meistens tun sie das, um beispielsweise eine problematische Szene zu erklären. Weil die Kader heutzutage sehr international sind, hilft es sehr, mehrere Sprachen sprechen zu können.

Man kann sich leicht vorstellen: Das ist unter den Journalisten ein Hauen und Stechen vor den Absperrgittern, wer näher am Spieler steht und das Zitat auf seinem Diktiergerät am besten zur späteren Verwertung aufzeichnen kann. Ganz bewusst begebe ich mich nicht in das Knäuel, sondern warte am Ausgang.

Wer raus will, muss an mir vorbei, und dann begleite ich denjenigen bis zum Auto, um womöglich eine exklusive Einschätzung zu ergattern. In solchen Momenten bin ich ganz Reporter: ein Jäger. Und nicht Chefredakteur. Beim Bayern-Spiel schnappte ich mir Uli Hoeneß und Hans-Joachim Watzke, die beide in den Kabinen waren. Nicht alles, was sie mir sagten, war zur Veröffentlichung bestimmt. Aber ich wusste immerhin, was Sache ist. Auch das ist wichtig für die journalistische Arbeit. Der eine Teil meines Berufs besteht im Schreiben. Der andere – nicht unwesentliche – darin, nicht alles zu schreiben. Vertrauen ist ein hohes Gut in der Bundesliga.

In den zwei Stunden nach dem Spiel wird alles verwertet, was wir in unseren Notizblöcken an Informationen gesammelt haben. Meine Aufgabe: ein Stück zu Jupp Heynckes, der mit dem Sieg in Dortmund seine Erfolgsserie seit der Rückkehr fortsetzt. 2200 Zeichen für die Sonntagsausgabe. Die dringende Anweisung aus dem Büro in Essen: keinesfalls mehr!

An die Längenvorgaben muss ich mich halten. In der Printausgabe kann man nicht einfach das Layout ändern, damit der Text auf die Seite passt. Und zum Kürzen bleibt dem Innendienst keine Zeit. Schon gar nicht für meinen Randtext. Wichtiger war nämlich, was meine zwei Kollegen zur Lage beim BVB verfassten. Denn die Borussia hatte 1:3 verloren und der Druck auf den damaligen Trainer Peter Bosz nahm zu.

Irgendwann geht's tatsächlich nach Hause. So gegen Mitternacht endete der Arbeitstag beim Bayern-Spiel. Aber nicht die Arbeit. Daniel Berg flog am Sonntag zum Sport1-Doppelpass nach München, um im Fernsehen vor einem Millionenpublikum seine Einschätzung zur Bundesliga-Situation auszubreiten.

Ich selbst hatte auch meinen TV-Auftritt, aber erst am Montag: Bei Sky90 diskutierte ich unter anderem mit Michael Schulz bei Patrick Wasserziehr. Auch TV-Auftritte gehören inzwischen zur Arbeit von Sportjournalisten. Zwischendurch habe ich meinen Kommentar für den Podcast gesprochen. Habe ich schon erwähnt, dass ich den geilsten Job der Welt habe?

Die Stradivari unter den Arschgeigen

Markenbildung im Digitalen: Sportreporter
erfinden sich neu

Es gibt ein Foto von mir, das mich in einem Umfeld zeigt, in dem ich mich selbst sehe: Im Anzug ohne Krawatte, in einer Stadionatmosphäre – und nicht zu sympathisch blickend. Das mit der mangelhaften Sympathie sollte nicht weiter verwundern. Sportjournalisten sind alle Arschgeigen – aber mein Anspruch ist höher: Ich will die Stradivari sein. Dieses Zitat stammt aus einem Buch von TV-Kommentator Marcel Reif. Die Aussage hat sich mir eingebrannt. Ein User hatte ihm ins Stammbuch geschrieben: „Unter den Arschgeigen bist du die Stradivari." Nun fragt man sich vielleicht, was der User damit ausdrücken möchte. Herr Stradivari war ein außergewöhnlicher Geigenbauer, und man bezeichnete ihn als den besten.

Seine Geigen wurden zu einer Marke, weil sie sich von den anderen u. a. durch hervorragende Qualität abgrenzen. Marcel Reif ist als Journalist selbst zur Marke geworden. Er polarisiert: Entweder man mag ihn oder eben nicht. Aber sein Urteil über die Vorgänge im Fußball, seine Qualität in der Argumentation sind – so oder so – sehr gefragt und werden geschätzt.

Als er sein Engagement beim TV-Sender Sky im Sommer 2016 beendete, war Marcel Reif im Fernsehen präsenter als zuvor. Er sitzt in Talkshows, eben weil er eine Marke ist und weil er für etwas steht. Er ist in seinem Handeln und seiner Person einzigartig.

Der Begriff „Marke" ist beinahe allen bekannt, dennoch hat jeder seine eigene Vorstellung von einer Marke. Daher kann die Marke als Gesamtheit aller Vorstellungen verstanden werden, die sie in den Köpfen der Leser und Sportfans erzeugt. Immer öfter müssen sich Menschen auf Märkten behaupten, zum Beispiel Sänger, Schauspieler, Sportler. Und Journalisten.

Nicht wenigen Sportreportern erscheint das World Wide Web als Gefahr. Die Arbeitsbelastung steigt wie der Konkurrenzdruck, die Refinanzierung von gutem Journalismus wirkt so unsicher wie die Zukunft von 350 Tageszeitungen in Deutschland. Ich habe die digitale Erweiterung in unserem Reporterleben immer als Bereicherung betrachtet. Dazu gehört auch Social Media.

Der Journalist als Marke: Neu ist das nicht. Um sich von der Masse abzugrenzen und nicht austauschbar zu sein, haben sich die Besten der Branche schon immer eine eigene Markenpersönlichkeit aufgebaut, die sie beschreibt und zeigt, wofür sie stehen. Auch Journalisten wollten schon immer eine Marke sein und sich von der Konkurrenz unterscheiden.

Jeder kennt das noch aus seiner Morgenzeitung, wie man sich aufs Lesen freute, wenn der geschätzte Journalist einen Aufmacher oder einen Kommentar verfasst und veröffentlicht hat. Bernd Hildebrandt bei der AZ in München, Hans-Josef Justen bei der WAZ in Essen, Frank Quednau bei der Welt – das waren Legenden. Früher nannte man das nur: Kolumnist.

Ihnen gemeinsam war: Man konnte sie nicht mit anderen Schreibern vergleichen. Sie hatten einen eigenen Zugang zum Thema, eine kräftige Sprache, eine ungewöhnliche oder umstrittene Sichtweise, einen Hang zu Unabhängigkeit, zu Bedingungslosigkeit, sie lieferten mindestens einen hohen Unterhaltungswert.

Marke bedeutet: Man sollte nicht alles kopieren, was irgendwo anders gut läuft. Sonst ist man keine Marke, dann ist man eben nur eine Kopie und damit austauschbar. Eine Marke versucht, sich von der Konkurrenz abzugrenzen. Auf den Journalismus bezogen stoßen hier zwei Welten aufeinander – die alte auf die neue Medienwelt.

Früher, in der alten Welt, gab es in den Medienunternehmen Geschäftszahlen, anhand derer man fast voraussagen konnte, wie die Gewinne in fünf Jahren ausfallen. Die wirtschaftlichen Rahmenbedingungen bei der Fokussierung auf Print schufen Freiheiten, dem gedruckten Wort besonderes Gewicht zu verleihen. Die Verkaufszahlen konnten über Jahre wachsen.

Heute ist Geduld kaum noch möglich. Es wird digital ausprobiert und gemessen, Datenmaterial in KPI überführt und eine Wirtschaftlichkeit auf Basis Tausenderkontaktpreise errechnet. Der Schreiber, der 25.000 Page Impressions mit drei Artikeln in einer Stunde produziert, scheint da wirtschaftlich gesehen wertvoller zu sein als einer, der für Recherche einen ganzen Tag beansprucht.

Die Medienwelt unterliegt einem so rasanten Wandel, dass es Reportern den Atem verschlägt. Wie sollen sie in der neuen Medienwelt mithalten? Das Tempo von Traffic-Produzenten ist zu schnell. Ihre Antwort kann nur eine und das unmissverständlich sein: Journalismus. Ihr Name muss ein Versprechen auf Qualität und Zuverlässigkeit sein.

Ich komme also als Medienmacher und Journalist aus der alten printlastigen Welt in die neue digitale Welt. Das Wort digitale Transformation gefällt mir in diesem Zusammenhang nicht, denn ich möchte mich gar nicht ändern oder transformieren, sondern meine Klaviatur erweitern. Das ist für das weitere Verständnis eine wichtige Feststellung.

Als Reporter muss man genau beobachten, was andere Menschen und Marken machen, und daraus ableiten, was für einen persönlich hilfreich sein kann, um besser im Geschäft zu sein – damit man auch morgen noch (in der noch schnelleren Medienwelt) in Lohn und Brot steht. Dazu komme ich später.

Als Zeitungsmacher, wir nennen es Blattmacher, habe ich entschieden, was oben und unten in die Zeitung kommt und was gar nicht – und die Leser haben die Zeitung gekauft. Dieses Vorgehen stammt aus der alten Welt, die sehr komfortabel für uns Journalisten war. Dieser Ablauf hat sich verändert, als sich die Leser mit User-Generated-Content zu Wort meldeten.

Plötzlich wurde in Frage gestellt, was vorher von den Journalisten gelesen und angenommen wurde. Das ist so ziemlich das Schlimmste, was uns Journalisten dort oben in unserem Turm passieren konnte, aus dem wir gerufen haben: „Hey Leute, dies und jenes solltet ihr wissen!" Unsere Leser publizieren heutzutage nicht nur eigene Texte selbst.

Die Zeitungsseite der Zukunft wird individuell gestaltet. Jeder entscheidet selbst, was oben und was unten steht oder was gar nicht angezeigt werden soll, indem man zum Beispiel bei Facebook oder Twitter einen Autoren abonniert oder einem Text ein „Gefällt mir" anheftet. Den Rest erledigt dann ein Algorithmus.

Die Werbeindustrie macht sich das Verfahren zunutze und verwendet Behavioral-Targeting. Aufgrund des Nutzerverhaltens wird dem Leser Werbung angezeigt, die ihn interessieren könnte. So filtert beispielsweise auch Facebook, welche Posts dem einzelnen User im News Feed angezeigt werden. Das System kennt keinen Streuverlust.

Trotz allem bin ich als Journalist nicht unwichtig geworden, aber ich gebe nicht mehr den Ton an. Ich konkurriere mit anderen Leuten, die auch etwas Wichtiges zu sagen haben – und jetzt passiert das, was mich als ausgebildeten und erfahrenen Journalisten wirklich ärgert: Ich konkurriere mit der Freundin, die etwas gekocht hat und ein Foto vom Speiseteller postet.

Denn die scheinbare Belanglosigkeit ist für den Plattformnutzer bei Facebook oder Instagram genau das: eine ganz wichtige Information. Genauso wichtig wie ich, der vorgestern noch den neuen Co-Trainer von Borussia Dortmund im Interview hatte. Das heißt, ich als Journalist reihe mich mit Lesern und Freunden ein, die ebenfalls publizieren.

Wenn man den Vorgang aus der Sicht einer Redaktion betrachtet, bin ich als Journalist degradiert worden. Denn meine Tagesarbeit besteht darin, mit Bloggern und Influencern konkurrieren zu müssen, die über keine fachliche Kompetenz im journalistischen Sinne verfügen und keine Menschen treffen, die Interna kennen.

Es gibt Medienportale, wo Redakteure arbeiten, die ich gerne als PK-Touristen bezeichne, weil sie nur an Pressekonferenzen teilnehmen und daraus Traffic beschaffen. Oft haben sie noch nie einen Spieler persönlich von einer anderen Seite kennengelernt, aber ihre Reichweite ist teilweise trotzdem größer als meine. Sie haben ihre eigenen Leser, ihre Community.

Das Schwierige an der neuen Welt ist, dass die Meinungsstärke von PK-Touristen gelegentlich ihre Nachrichtenschwäche kompensiert. Ihr Einfluss mit angelesenem Wissen reicht ihnen, einen Podcast zu betreiben und die Diskussionen mehrheitsbildend voranzutreiben. Mit der Stimme der Vernunft dringt man nicht mehr durch. Soll man deswegen aufstecken?

Wie zu Beginn erwähnt, beobachte ich, was andere Menschen und Marken machen – nicht um sie zu kopieren, sondern um Handlungsempfehlungen für mich abzuleiten. Bill Simmons muss in diesem Zusammenhang genannt werden. Der Mann ist ein Phänomen. Er ist Sportjournalist in den USA und kennt sich nicht nur in ein paar Sportarten aus, sondern seine Stimme hat Gewicht.

Wenn er über Veränderungen in Sportarten spricht, dann hören die höchsten Leute dieser Sportarten zu. Sogar der US-Manager und langjährige Microsoft-CEO Steve Ballmer kommt in seine Podcast-Sendung, um mit ihm über seinen Basketball-Profiklub Los Angeles Clippers zu diskutieren. So bekommt Bill Simmons Nachrichten aus erster Hand. Er bedient verschiedenste Kanäle von Apps über Podcasts und bindet alle mit seinem Namen. Als er den US-amerikanischen Fernsehsender ESPN verließ, hatte er innerhalb einer Woche einen neuen Job beim Konkurrenten HBO und konnte dort sein Start-Up gründen. Und warum? Weil er zu einer Marke geworden ist. Weil er für etwas im Sport steht, das ihn unterscheidet.

Es muss nicht immer ganz so groß sein wie bei Bill Simmons. Es reicht schon ein Blick nach London. Ein deutscher Kollege, der dort sitzt, heißt Raphael Honigstein. Er hat mehr als 400.000 Follower auf seinem Twitter-Account. Für ihn ist es einfacher, so viele Follower zu generieren, weil er bilingual twittert. Der englische Markt ist zudem größer als der deutsche.

Er nutzt seine Reichweite, um zum Beispiel seine Bücher zu promoten. Aufgrund seiner Reichweite und seiner ungewöhnlichen, weil internationalen Sichtweise auf den Fußball hat er Angebote von Portalen bekommen, die einen Kolumnisten gesucht haben. Er hat seinen persönlichen Erfolgsweg als freier Journalist und auch Moderator gefunden.

Dann wäre da noch Oliver Wurm. Er publiziert und verkauft ein eigenes Magazin, hat jedoch keinen Verlag im Rücken, der das Magazin vertreibt und an die Kioske in Deutschland bringt. Er nutzt die sozialen Medien, um auf sich aufmerksam zu machen und verkauft seine Magazine darüber ziemlich erfolgreich.

Das sind nur drei Beispiele, wie man sich als Markenpersönlichkeit aufstellt und seine Karriere beschleunigen kann. Hierbei handelt es sich um ausgebildete Journalisten und Medienmacher. Es gibt aber auch Blogger, die häufig keine journalistische Ausbildung genossen haben und es trotzdem schaffen, sich als Marke zu positionieren.

Fany Pechiodat macht vor, wie eine Bloggerin zur Marke werden kann. Sie lebt in Paris und immer, wenn ihr etwas in der Stadt aufgefallen ist, hat sie darüber geschrieben. Das konnte ein neues Restaurant sein, ein Kosmetikladen oder etwas anderes. Darüber hat sie täglich einen kritischen Text verfasst und ihre Freundin hat eine kleine Zeichnung dazu angefertigt.

Den Text versendete sie als Newsletter an etwa 40 bis 50 Freunde. Nach einigen Wochen waren es bereits Tausende von Newsletter-Abonnenten. Als ich den letzten Vortrag von ihr gehört habe, waren es 1,8 Millionen. Zum Vergleich: Die WAZ, als größte regionale Tageszeitung in Deutschland, kommt auf ungefähr 300.000 Abonnenten.

Weil sich die Leute mit ihr verbunden fühlen, ihren Lifestyle und ihren Schreibstil mögen, bildete sich eine Art Community. So wurde die Werbeindustrie auf sie aufmerksam und machte ihr Angebote. Fany Pechiodat wusste aber, dass die traditionelle Werbung teilweise nicht zu ihrer Leserschaft passt. Also musste sogar die Prada-Werbung angepasst werden.

Nachdem der Newsletter so gut ankam, hat Frau Pechiodat ihr Angebot erweitert. Sie vertreibt Boxen für ca. 10 Euro, in denen die Käufer monatlich ihr Magazin gebündelt mit Gegenständen erhalten – mit Dingen, von denen Fany Pechiodat annimmt, dass sie für die Leser interessant sind, zum Beispiel eine Teetasse, ein Lippenstift oder Sonderaktionen.

Von den damals 1,8 Millionen Abonnenten haben etwa 80.000 diese Box bestellt, vornehmlich Frauen. Das ergibt 800.000 Euro Umsatz im Monat. Das mal zwölf für das ganze Jahr: Es handelt sich um ein 10-Millionen-Euro-Business. Kommen wir zur ursprünglichen Frage: Das funktioniert so gut, weil Fany Pechiodat sich zur eigenen Markenpersönlichkeit entwickelt hat.

Sie hat Leser, Fans, Follower oder was auch immer, die zu ihr stehen und sich mit ihr identifizieren. Niemand erwartet, dass Sportjournalisten Unternehmer werden und Geschenkeboxen vertreiben. Aber als moderner Journalist muss man den Markt und dessen Mechanismen verstehen und lernen.

Als Journalist und Medienmacher bereiten mir Blogger wie Axel Metayer Sorgen. Er lebt in Hamburg, betreibt eine Autowebsite und ist selbst nicht im Besitz einer gültigen Fahrerlaubnis. Aber er kann etwas besser als viele Journalisten: Suchmaschinenoptimierung, kurz SEO.

Als Suchmaschinenoptimierung bezeichnet man alle Maßnahmen, die dazu geeignet sind, die Platzierung einer Website in den organischen Suchergebnissen von Suchmaschinen, vornehmlich bei Google, zu verbessern und damit den Traffic zu steigern. Mithilfe einer für Google optimierten Seite lotst Axel Metayer die Leser – seine Kunden – zu sich.

Er beantwortet auf seiner Seite bei Google häufig gestellte Fragen oder erklärt oft gesuchte Begriffe. Wenn jemand beispielsweise bei Rot über die Ampel gefahren ist und danach bei Google erfahren will, bekommt er von Axel Metayer die gewünschten Informationen, zum Beispiel zu den Folgen des Verstoßes oder dem weiteren Vorgehen in solch einem Fall.

Da seine Website optimiert ist, erscheint er mit seinen Informationen ganz oben im Ergebnisfeld und wird so am häufigsten besucht – oftmals noch vor Auto Bild oder Auto Motor Sport. Da Axel Metayer aber kein deutscher Muttersprachler ist und schon gar kein Journalist, bestellt er seine Texte im Internet bei Portalen wie content.de.

So ein Text kostet einmalig zwischen fünf und zwanzig Euro. Auf der Website kann dieser Text, wenn Google ihm ein gutes Ranking gibt und die Werbung bestens platziert ist, um die 50 bis 90 Euro erwirtschaften – in jedem einzelnen Monat. Innerhalb von fünf Jahren ist es so möglich, mit diesem einen Artikel rund 5.000 Euro Umsatz zu generieren.

Axel Metayer hat so viele von solchen und ähnlichen Artikeln veröffentlicht und so viele Probleme von Lesern gelöst, dass er zeitweise auf 90.000 Euro Jahresumsatz gekommen ist. Ist das noch Journalismus? Ganz sicher nicht. Aber Konkurrenz, wenn es darum geht, Leserbedürfnisse zu befriedigen. Nicht alle Verlage nehmen die Bedrohung ernst.

Aus zwei Gründen ist das Beispiel Metayer für mich als Journalist nicht unerheblich:

1. Wenn die User einen Blog lesen, lesen sie nicht meine Publikationen. Ich bin dann nicht mehr der Welterklärer aus dem hohen Turm, wie ich das früher mit meiner Tageszeitung war.

2. Der Umsatz, den die vielen Blogger generieren, wird somit aus dem Anzeigenmarkt der Zeitungen gezogen. Das ist Geld, mit dem auch das Gehalt von Journalisten finanziert wird.

Diese Punkte sind Probleme, unter denen die Verlagswelt leidet. Das Problem der abwandernden Leserschaft, zum Beispiel zu Bloggern, haben die Verlage erkannt. Anhand des nächsten Beispiels möchte ich verdeutlichen, wie man solche Blogger oder Influencer für den eigenen Verlag gewinnen und daraus einen Nutzen ziehen kann.

Forbes verlegt u. a. das Forbes Magazin für Geschäftsleute. Dort wurde versucht, die Blogger, die dem Verlagswesen Konkurrenz machen könnten, zu nutzen. Forbes hatte Folgendes erkannt: Wenn nur eigene Artikel aus den Magazinen auf der Homepage publiziert werden, ist die Reichweite begrenzt.

Die Themen der Artikel erreichen die User nicht, weil sie für die dortige Zielgruppe nicht geeignet sind. Warum also nicht diejenigen fragen, die hohe Reichweiten generieren? Forbes bot einigen Bloggern an, für das Magazin zu schreiben. Viele nahmen das Angebot an, denn es gibt viele Motivatoren dazu.

Die erste Motivation ist: Es ist gut für das eigene Portfolio. Wenn Forbes mich fragen würde, ob ich dort Autor werden möchte, würde ich sagen: „Ja, denn das schmückt mich. Ich habe die Chance als Marke aufzutreten und Aufmerksamkeit zu erhalten." Und unter uns: Ich würde sogar umsonst für Forbes schreiben.

Die zweite Motivation ist, dass ein Autor Interesse an einem Thema oder Knowhow zu einem Arbeitsbereich hat, dieses Thema vorantreiben möchte und dazu als Bühne eine Plattform erhält.

Die dritte Motivation ist, dass man, wenn verschiedene Autoren zum selben Thema schreiben, der meistgelesene Autor sein möchte.

Der vierte Motivator ist Geld. Etwa ein Drittel der Forbes-Autoren wird vergütet. Aber nicht einfach durch ein festgelegtes Honorar, wie in unserer alten Welt, sondern nach Performance. Performance heißt: Der erste Visit auf der Seite bringt dem Autor einen US-Cent ein. Kommt der Besucher aber wieder, als Returning Visitor, erhält der Autor 10 US-Cent.

Die Kalkulation löst Folgendes aus: Die Autoren, darunter erfahrene Journalisten, fangen an, die Leser an sich zu binden, um Returning Visitors anzulocken und so ihr Honorar zu erhöhen. Sie pflegen die Kommentarleiste, drehen Themen weiter und bauen ihre Community auf. Das ist Journalismus an der verlängerten Werkbank.

Forbes hat mehr als 1.300 Autoren handverlesen und für sich verpflichtet. In Zahlen ausgedrückt: Diese 1.300 Autoren veröffentlichen pro Tag rund 300 Artikel. Pro Jahr sind das etwa hunderttausend. Diese 1.300 Autoren werden von fünf Mitarbeitern betreut. Man muss kein Verlagsleiter sein, um die Mathematik in diesem Geschäftsmodell zu begreifen.

Das Kosten-Nutzen-Verhältnis ist hier auf der Verlagsseite sehr gut, denn die eingesetzten Mittel sind im Vergleich zum Reichweitenzugewinn und dem damit verbundenen Anzeigenumsatz sehr gering. Der Schlüssel zu allem aber ist: Es gibt einen Marktbedarf zu einem Thema und es gibt eine persönliche Vorliebe zu Themen.

Dort, wo sich die Nachfrage und das Angebot decken, habe ich als Autor meine Nische. Salopp ausgedrückt: Es trifft sich, was draußen gewünscht wird, mit dem, was ich liefern kann. Dort liegt die Zukunft des Sportjournalismus: Wenn ich nicht zu einem seelenlosen Traffic-Produzenten verkommen will, muss ich mein Thema finden. Meine Nische. Nun zurück zu mir persönlich: Wie finde ich heraus, wofür ich stehe? Ich muss wissen, was die Leser interessiert und welche Plattformen sie auf welche Weise nutzen. Ich glaube zum Beispiel nicht, dass eine gute Mobile-Strategie alleine ausreicht. Es ist auch nicht korrekt, dass Buzzfeed für alle wichtig ist und jeder Listings machen sollte.

Ein weiterer Punkt ist, dass sich die User durchaus Videos anschauen, die länger als drei Minuten dauern. Gelegentlich befassen sich die User auch intensiver mit interessanten Themen. Junge Leute sind außerdem auch bereit für Content zu zahlen, aber dann muss er auch einen Mehrwert für sie darstellen.

Eine Generation, die bereit ist, für drei Euro einen Kaffee bei Starbucks zu bezahlen, investiert auch Geld in Inhalte. Junge Leute identifizieren sich mit Marken, aus dieser Gemeinsamkeit entstehen soziale Bindungen. Informationen müssen für sie nicht mehr komplett sein, so wie wir unsere Zeitungen machen, in der Breite von Politik bis Feuilleton.

Die Leser suchen sich explizit das heraus, was für sie persönlich wichtig ist. Hier sprechen wir dann vom News Feed: Was interessiert mich, was abonniere ich, was schließe ich aus meiner persönlichen Zeitungsseite aus, die manchmal Twitter, manchmal aber auch Facebook heißt. Da ist jeder individuell. In der neuen Welt hat jeder seine eigene Zeitung.

Als Journalist muss ich mit meinen Informationen so wichtig werden, dass mich die Leser in ihren Feed hineinlassen. . Auch und vor allem in den sozialen Medien. Ich möchte nicht einfach nur eine Funktion sein, sondern auch auffallen mit dem, was ich weiß und was ich zu sagen habe.

Ein weiterer Punkt ist: Ich möchte meine Reichweite und meine Bekanntheit langfristig steigern. Dafür bieten mir die Social-Media-Kanäle die beste Plattform, weil sie von unterwegs sehr einfach zu bedienen sind.

Es gibt viele verschiedene Kanäle, aber ich muss beachten, dass Aufwand und Ertrag in einem Gleichgewicht stehen.

In Workshops habe ich herausgefunden und entschieden, dass nur drei Kanäle im Moment bedeutend sein sollen: Facebook, Instagram und Twitter. Auf diese Plattformen konzentriere ich mich, und wenn ich dies gut mache, können weitere Plattformen hinzukommen. (Zu Snapchat, fand ich heraus, passe ich nicht. Obwohl es keinen guten Sportreporter auf Snapchat gibt.)

Um erfolgreich zu posten, sind die nächsten drei Punkte zentral:
1. Der Post muss leicht bekömmlich sein, sodass man ihn sofort versteht.
2. Es sollte nicht mal dies und nicht mal das, sondern stringent sein.
3. Was man sagen möchte, sollte sustainable sein, also nachhaltig.

Weiter benötigt man Ziele, von denen es aus meiner Sicht drei übergeordnete gibt, wenn man in den sozialen Medienkanälen als Journalist unterwegs ist. Das erste Ziel ist: Ich mache neue User neugierig und aufmerksam auf mich, damit sie mich wahrnehmen und sagen: Das, was der Gottschalk schreibt, interessiert mich.

Im zweiten Schritt möchte ich eine Beziehung aufbauen. Die Beziehung muss man definieren: Möchte ich, dass die User nur mitlesen und zuhören – oder möchte ich mich mit ihnen austauschen, sodass sie sich aktiv an Diskussionen mit beteiligen? Egal, wie ich diese Beziehung für mich definiere, in der Konsequenz möchte ich gelesen werden.

Im Sommer 2017 folgten mir etwa 3.000 Leute bei Facebook, 700 bei Instagram und 5.000 bei Twitter, was aus meiner Sicht eigentlich okay ist. Gerade in der neuen schnelllebigen Welt sollte man nicht stagnieren, sondern sich klare Etappenziele setzen. Bilanz ein Jahr später: 10.000 bei Facebook, 12.000 bei Instagram und 11.000 bei Twitter. Tendenz: steigend.

Um herauszufinden, welcher Content die Leser interessiert, hätte ich einfach posten und mir Effekte anschauen können. Stattdessen habe ich zuvor Konkurrenzbeobachtung bei Personen betrieben, mit denen ich mich messen möchte. Die Auswahl der Personen ist willkürlich entstanden. Wichtig ist, dass sie aus unterschiedlichen inhaltlichen Gebieten kommen.

Matthias Dersch, BVB-Journalist, von den Ruhr Nachrichten zum Kicker gewechselt. Seine Reichweite ist groß, obwohl er sich als Lokaljournalist in engen Grenzen bewegt. Begründen lässt sich dies damit, dass er über den zweitgrößten Verein Deutschlands schreibt.

Hans Sarpei, ehemaliger Fußballspieler. Er ist nicht nur dafür bekannt, dass er bei Let´s Dance auftrat, sondern auch eine gewisse Reichweite in den sozialen Netzwerken aufgebaut hat und heute sehr erfolgreich ist.

Christian Falk, Bayern-Experte in München. Er berichtet über den größten deutschen Verein, für den sich wirklich jeder im Land interessiert, und schreibt für das bundesweit erscheinende Wochenmagazin Sport-Bild.

Gunnar Jans, früher Sportchef der Abendzeitung, der ins Sport Business eingestiegen ist, wo Marketing abseits des Spielfelds bedeutend ist, und somit einen anderen Zugang hat, weil er die Social-Media-Kanäle auch geschäftlich nutzen muss.

Armin Wolf, der bekannteste Politikjournalist in Österreich. Er twittert noch während seiner Nachrichtensendung ZiB2 (eine Art Tagesthemen), um den Sendeverlauf interaktiv zu gestalten, und achtet auf Glaubwürdigkeit wie Authentizität bei jeder journalistischen Einordnung.

Die Positionierung jedes einzelnen Kollegen, den ich hier untersucht habe, steht für verschiedene Attribute und Persönlichkeiten. Hans Sarpei ist zum Beispiel humorvoll, sarkastisch, motivierend und authentisch. Er ist so, wie man ihn im Fernsehen als Fußballspieler erlebt hat. Armin Wolf ist gebildet, differenzierend, sehr professionell.

Nun galt es, daraus Handlungsempfehlungen abzuleiten und für mich eine Nische bzw. Marktlücke zu finden, in der ich glaube, mich so positionieren zu können, dass ich mich wohlfühle. Dass es zu mir passt. Um es kurz zu machen: Die Selbstreflexion endete bei diesen drei Eigenschaften:
1. Glaubwürdigkeit – was ich schreibe, meine ich auch so.
2. Gradlinigkeit – man kann sich wunderbar mit mir streiten.
3. Authentizität ist dann die Folge daraus.

Und weil ich manchmal so viel weiß oder zu wissen glaube, bin ich – viertens – ziemlich diktatorisch in meiner Meinung. Aber ich möchte zugleich – fünftens – ein bisschen sympathisch wirken und etwas Nähe zulassen. Das ist meine theoretische Positionierung. Aber was zählt, das wissen wir seit Adi Preißler, ist auf dem Platz.

Man kann alles theoretisch durchdenken, aber wie der Post bei den Usern ankommt, ist nur schwer vorauszusagen. Dahinter steckt wirklich, wie man neudeutsch so sagt: learning by doing. Niederschläge in Form von geringer Likezahl oder geringer Reichweite gehören genauso dazu wie Auseinandersetzungen mit einzelnen Usern.

Raphael Honigstein hat einmal gesagt: „Bevor ich etwas poste, denke ich über den Post nochmal nach." Dieser Satz, so banal er klingt, hat mir sehr geholfen. Weil ich manchmal zu schnell geantwortet und mich zu häufig in unnötige Auseinandersetzungen begeben habe. Die Zurückhaltung im richtigen Moment habe ich fortan auf fast allen Kanälen beherzigt.

Um erfolgreich und reichweitenstark in den sozialen Netzwerken zu posten und die erwünschte Wirkung zu erzielen, muss man wissen, wie der jeweilige Kanal technisch zu bedienen ist. Wenn ich zum Beispiel die VfB-Stuttgart-Fans bei Instagram erreichen möchte, muss ich #Vfbinsta verlinken, während es bei Ingolstadt tatsächlich #Schanzer heißt.

Man muss die Tools der jeweiligen Plattform kennen, um erfolgreich und effektiv damit arbeiten zu können. Auch das gehört zum Reporterleben heute dazu. Denn nicht jede Plattform ist gleich, zum Beispiel ist Instagram im Vergleich zu Twitter und Facebook wegen der Bildsprache ein anderes Tool und etwas unterhaltsamer.

Bei Twitter sollte man beispielsweise Periscope schon mal benutzt haben. Wie reichweitenstark das sein kann, zeigt das folgende Beispiel: Als ich einmal 20.000 Zuhörern meine Meinung zu einem Spiel kundtat, bekam ich noch während der Sky-Sendung eine Anwaltsmail, dass ich das verbotene Konkurrenzverhalten unterlassen sollte, sonst drohe eine Schadensersatzklage.

So unschön die Intervention war: Mir wurde gezeigt, dass ich wahrgenommen werde. Willkommen in der Welt von Pechiodat und Metayer: Man braucht keinen großen Verlag, um Reichweite und Relevanz aufzubauen. Meine kleine Sendung aus dem Stadion geschah mit meinen privaten Accounts.

Aber nicht nur im, auch vor dem Stadion kann man Reichweite generieren: Ende Oktober 2016 bin ich mit der Kamera raus in die Strobelallee gegangen, wo die Dortmunder Fans darauf warteten, dass die Schalker Fans von der Polizei zum Stadion geführt werden, und habe ein 90-Sekunden-Video gedreht. Böllerschüsse, wüste Beschimpfungen, dazwischen die Polizei auf Pferden: Man sieht an meiner Kameraführung, wie ich von der

Straße springe und mein Leben rette. Das war eine heikle Situation, überall um mich herum sind völlig entmenschlichte Augen zu sehen.

Es war ein Erlebnis für mich aus zwei Gründen. Erstens hat es mehr als eine Million Views gehabt, eine Quote, die im Fernsehbereich liegt. Zweitens möchte ich, ganz Reporter, ein Vorbild sein. Schließlich ist dieses Video, das ich gedreht habe, keine Arbeit, die man von einem Chefredakteur erwarten würde. Wenn ich so etwas als Chef vorlebe, dann soll das Mitarbeiter oder auch andere Journalisten zur Nachahmung motivieren.

Wenn man solch aufregende Aufnahmen veröffentlicht und seine Meinung dazu kundtut, besteht natürlich immer die Gefahr, dass es User gibt, die eine andere Meinung vertreten. So brachte mir das Video einen Shitstorm, aber auch viele überraschte Reaktionen. Hier macht es also Sinn, das gepostete Video im Hinblick auf meine eigene Positionierung zu hinterfragen.

Nach jeder Woche haben Kollegen die Posts analysiert: Wie viele Postings habe ich gemacht? Wie bin ich aufgetreten? Bediene ich auch die fünf Attribute, die meiner Positionierung entsprechen? Dies kann man mithilfe eines einfachen Punktesystems machen. Wenn zum Beispiel vier der fünf Attribute im Post enthalten sind, ist das positiv zu bewerten.

Am Ende der Woche zogen wir daraus immer ein Zwischenfazit aller Postings auf den einzelnen Plattformen: Warum etwas geklappt hat und anderes eben nicht. Wenn ich mir ein Raster mache und zu bestimmten Uhrzeiten ein Posting machen soll, muss ich mir überlegen, was ich veröffentlichen kann. Wir haben es mit einem entsprechenden Redaktionsplan versucht, sind aber zu dem Schluss gekommen, dass eine Planung keinen Sinn macht und sogar der Reporter-Gesinnung widerspricht. Denn wenn ich zum Beispiel bei einem Fußballspiel bin und von dort poste, ist das eine andere Situation, als wenn ich mir meine Meinung lediglich vor dem Fernsehgerät bilde.

Ein bürokratisches Vorgehen ist nicht authentisch und hat bei mir auch nicht funktioniert. Als eine viel bessere Grundlage erwies sich die Besinnung auf die Kultur, die ich auf diesen Kanälen lebe. Allein durch eine Präsenz rund um die Uhr habe ich meine Reichweite ausbauen können. Ich bin immer erreichbar.

An einem Freitagabend um 21 Uhr habe ich den Namen eines neuen Verteidigers von Borussia Dortmund gepostet und die Leser zu unseren Websites im Verlag weitergeleitet. Die spontane Nachricht kurz vor dem Wochenende hat sich im Traffic deutlich bemerkbar gemacht und kommt der Steuerung der klassischen Vermarktung zugute.

Reichweite bedeutet immer auch Umsatz. Die Markenbekanntheit entscheidet, ob Postings darüber hinaus vermarktet werden können. Ich bin noch nicht so weit, dass man meine Posts vermarkten kann, aber ich bin mir auch noch nicht sicher, ob ich das möchte. Es gibt ethische Gründe, die für mich entscheidend dagegensprechen.

Markenbekanntheit sollte eher zum Image beitragen und weniger zum Portemonnaie. Denn Unabhängigkeit von der Vermarktung ist ein zu hohes Gut, als dass man seine Inhalte an die Werbung verkauft. Ich bin felsenfest überzeugt: Eine gute Reputation wird sich ohnehin früher oder später auf dem Konto bemerkbar machen.